Matemáticas

Quinto grado

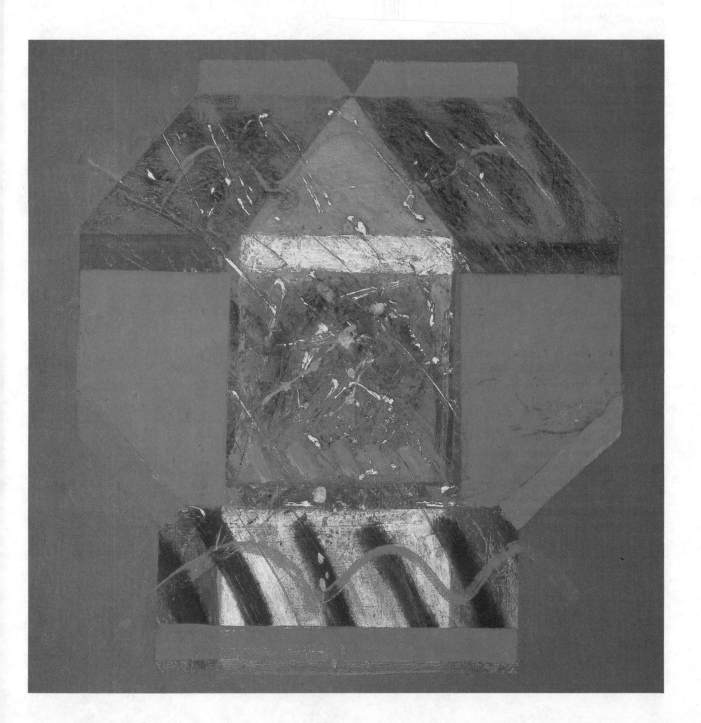

Coordinación
Esnel Pérez Hernández
Gonzalo López Rueda

Autores
Esnel Pérez Hernández
Gonzalo López Rueda
Santiago Rubio Ramírez
Santiago Valiente Banderas
Marco Antonio García Juárez
Mario Rivera Álvarez
María de Jesús Sentíes Nacaspac
Elizabeth García Pascual

Diseño gráfico
Víctor Soler Claudín
Alejandro Soler Vidal

Ilustración
Manuel J. Soler Vidal

Fotografía
Lorenza Manrique Mansour

Servicios editoriales
Norah Judith Núñez Carranza

Diseño de portada
Comisión Nacional de los Libros de Texto Gratuitos,
con la colaboración de Luis Almeida

Ilustración de portada
"Marca suspendida", Vicente Rojo,
óleo sobre tela, 1967.
Museo de Arte Moderno, México, D.F.
Reproducción autorizada por el Instituto Nacional de Bellas Artes y Literatura

Fotografía de portada
Javier Hinojosa

Supervisión técnica y pedagógica
Subsecretaría de Educación Básica y Normal
de la Secretaría de Educación Pública

Matemáticas. Quinto grado

Primera edición, 1993
Primera edición revisada, 1994
Primera reimpresión, 1995
Segunda reimpresión, 1996
Tercera reimpresión, 1997
Cuarta reimpresión, 1998
Quinta reimpresión, 1999

D.R. © Ilustración de portada: Vicente Rojo / INBA
D.R. © Secretaría de Educación Pública, 1993
    Argentina 28,
    colonia Centro, 06020,
    México, D.F.

ISBN 968-29-5352-9
Impreso en México

Presentación

Este libro de texto gratuito está destinado a los alumnos de quinto grado de las escuelas del país. Fue elaborado en 1993, en sustitución del que, con pocas modificaciones, se había utilizado durante veinte años.

La renovación de los libros de texto gratuitos es parte del proyecto general de mejoramiento de la calidad de la enseñanza primaria que desarrolla el gobierno de la República. Para cumplir tal propósito, es necesario contar con materiales de enseñanza actualizados, que correspondan a las necesidades de aprendizaje de los niños y que incorporen los avances del conocimiento educativo.

La Secretaría de Educación Pública ha establecido un procedimiento distinto del tradicional para renovar los libros de texto: ha convocado a concursos abiertos, en los que presentaron propuestas cientos de maestros, especialistas y diseñadores gráficos. Las propuestas, ajustadas a los planes y programas de estudio, fueron evaluadas por jurados independientes, integrados por personas con prestigio y experiencia.

El jurado de Matemáticas de quinto grado seleccionó este libro como el ganador y la Secretaría de Educación Pública lo ha adoptado como texto gratuito.

Con la renovación de los libros de texto, se pone en marcha un proceso de perfeccionamiento continuo de los materiales de estudio para la escuela primaria. Cada vez que la experiencia y la evaluación lo hagan recomendable, los libros del niño y los recursos auxiliares para el maestro serán mejorados, sin necesidad de esperar largo tiempo para realizar reformas generales.

Para que estas tareas tengan éxito, es indispensable la opinión de los maestros y de los niños que trabajarán con este libro, así como las sugerencias de madres y padres de familia que comparten con sus hijos las actividades escolares. La Secretaría de Educación Pública necesita sus recomendaciones y críticas. Estas aportaciones serán estudiadas con atención y servirán para que el mejoramiento de los materiales educativos sea una actividad sistemática y permanente.

Índice General

Bloque 4

Bloque 5

VISITANDO A LOS ABUELOS

Carlos y Alicia viven en el Distrito Federal y en las próximas vacaciones, con sus papás, visitarán a sus abuelos que viven en la ciudad de Tijuana. Como el viaje lo realizarán por carretera, quieren aprovecharlo para conocer algunos Estados de la República Mexicana.

En el siguiente mapa están señaladas algunas carreteras que permitirán a la familia determinar su recorrido.

Para calcular el número de kilómetros y las horas invertidas en cada uno de los tramos del recorrido, el papá diseñó las siguientes rutas. Ayúdale a completar el kilometraje.

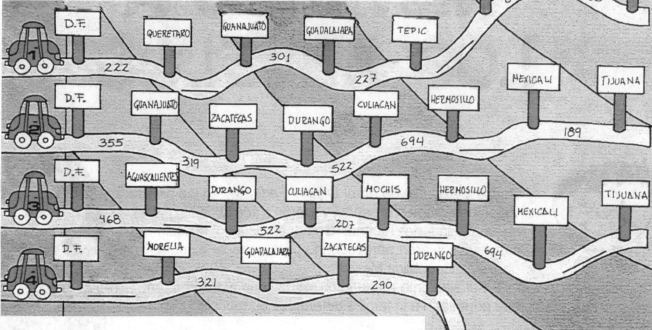

-Con estas rutas, podemos calcular el número de kilómetros que recorreremos para llegar a Tijuana -dijo el papá.
Por ejemplo, el total de kilómetros de la ruta 1 es:

$$222 + 133 + 301 + 227 + 504 + 694 + 883 = 2\ 964$$

-Voy a calcular el total de kilómetros de las rutas 2, 3 y 4 -dijo Alicia.
Ayúdale a completar espacios.

RUTA 2

$355 + \underline{\quad} + 290 + 522 + \underline{\quad} + 694 + 189 = 3\ 063$

RUTA 3

$468 + 425 + \underline{\quad} + 207 + 492 + \underline{\quad} + 189 = \underline{\quad}$

RUTA 4

$309 + \underline{\quad} + 318 + \underline{\quad} + 522 + 694 + \underline{\quad} = 3\ 337$

ACTIVIDADES

Usa una calculadora para comprobar los resultados.
Ejemplo:
Para sumar 46 + 25 oprime en este orden las teclas:

4 6 + 2 5 =

8

-¿Ya sabes qué distancias recorreremos? -preguntó Carlos.

Alicia quería contestar pero no sabía cómo leer las cantidades, por eso le pidió ayuda a su mamá.

- Es muy sencillo -contestó la mamá. Hagamos el siguiente esquema para las rutas 3 y 4:

Millares			Unidades Simples			CLASE
Centenas	Decenas	Unidades	Centenas	Decenas	Unidades	ORDEN
		2	9	9	7	
		3	3	3	7	

Como podrás notar, los números se separan en *clases*: unidades simples y millares, éstas, a su vez, se estructuran en tres *órdenes*: unidades, decenas, centenas. Por eso, el criterio que usa para leer y escribir cantidades de más de tres cifras es separarlas de derecha a izquierda y de tres en tres, a partir de las unidades. Veamos cómo se lee el total de kilómetros de la ruta 3: *dos mil novecientos noventa y siete.*

El total de kilómetros de la ruta 4 se escribe 3 337 y se lee *tres mil trescientos treinta y siete.*

Escribe con letra las siguientes cantidades:

Rutas	Total de km	Escritura
Distrito Federal - Durango	903	_____
Querétaro - Chihuahua	1 233	_____
Morelia -Tijuana	2 627	_____
Aguascalientes - Hermosillo	1 637	_____
Distrito Federal - Nogales	2 280	_____
Distrito Federal - Tijuana	2 841	_____

- Necesitamos hacer algunos cálculos aproximados para estimar el consumo de gasolina en nuestro viaje -explicó el papá a la mamá.

- Veamos cuánto vamos a gastar en combustible.

Si con un tanque de gasolina de 60 litros se recorren 400 kilómetros, ¿cuánto gastaríamos aproximadamente en recorrer la ruta 3, si el litro de gasolina cuesta $ 2.00?

Para tener una idea clara de sus gastos, los padres de los niños hicieron los siguientes registros. Ayúdales a completar los espacios en blanco en la tabla de la derecha.

El papá comenta que aproximadamente gastarían $ 900.00 en recorrer esa ruta.

Con base en los datos del problema, los registros de la tabla y los de las rutas, ayúdale a resolver lo siguiente:

1. Aproximadamente ¿cuánta gasolina se necesita para cubrir la ruta 4? _____

2. Aproximadamente ¿cuánto dinero gastaría la familia para cubrir la ruta 1? _____

3. Si la familia va por la ruta 3 del Distrito Federal a Tijuana y regresa de Tijuana al Distrito Federal por la ruta 4, aproximadamente ¿cuántos kilómetros recorrerán en total, cuál es el consumo de gasolina y cuál el costo del recorrido?

_____

Litros de gasolina	Kilómetros recorridos	Precio
60	400	$120.00
	800	$240.00
180		$360.00
240	1 600	
300		$600.00
360	2 400	
	2 800	$840.00
480		$960.00

Al planear su viaje, la familia decidió que el recorrido del Distrito Federal a Tijuana lo realizarían en 10 días y han estimado los siguientes gastos diarios:

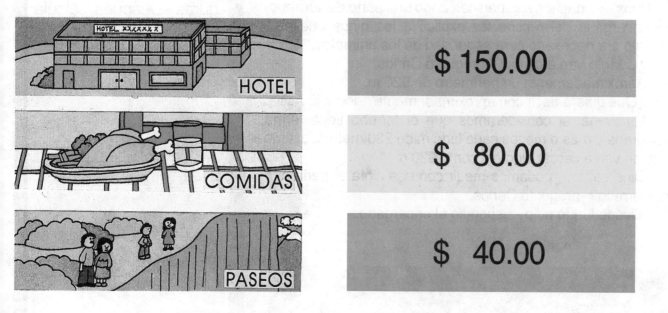

HOTEL	$ 150.00
COMIDAS	$ 80.00
PASEOS	$ 40.00

De acuerdo con esta estimación de gastos, ayúdales a contestar las preguntas:

1.¿Cuál es el costo total, de ida y vuelta, con hospedaje, alimentos y paseos del recorrido por la ruta 3? _____

2.¿Cuál es el costo total, de ida y vuelta, con hospedaje, alimentos y paseos haciendo el recorrido por la ruta 2? _____

Uno de los Estados que la familia visitó durante su viaje fue Sonora. Estuvieron en su capital, Hermosillo, y visitaron un rancho ganadero. Al recorrerlo Alicia quedó sorprendida por su gran extensión; había corrales y, en ellos, caballos, toros y otros animales.

Unos muchachos estaban cercando una parte del terrreno. El encargado del rancho les explicó a los niños que este trabajo era necesario para seguridad de los animales.

-¿Cuánto van a cercar? -preguntó Carlos.

-Aproximadamente un perímetro de 920 m.

-¿Qué quiere decir con aproximadamente? -inquirió Alicia.

-Mira niña, si consideramos que el terreno tiene forma cuadrada y más o menos cada lado mide 230 metros, estimo que se van a cercar algo así como 920 m.

-Oiga señor, ¿podemos medir con esa cinta el perímetro del terreno? -preguntó Carlos.

- Desde luego niño -respondió el encargado.

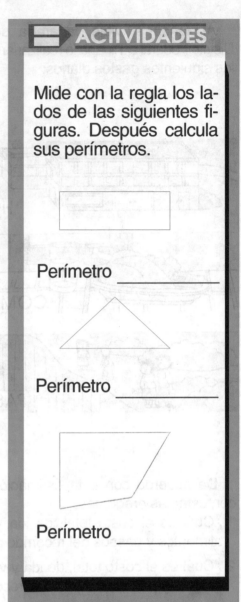

ACTIVIDADES

Mide con la regla los lados de las siguientes figuras. Después calcula sus perímetros.

Perímetro _____

Perímetro _____

Perímetro _____

Posteriormente Alicia le contó a sus papás que el resultado que había calculado el encargado del rancho era diferente al que ella obtuvo. La mamá le aclaró que el señor le había dado un valor aproximado y que esta forma de operar es correcta cuando se quiere tener una idea rápida y sencilla del número total de metros, que los cálculos se simplifican al redondear los números y considerar únicamente las decenas y las centenas.

Podrías decir:
¿Cuánto costaría cercar el terreno anterior, si por cada lado se colocan 4 hilos de alambre? Comenta la respuesta con tus compañeros.

¿Cuál sería el costo aproximado y cual el exacto si el metro de alambre de púas cuesta $ 2.00?
Comenta con tus compañeros las respuestas.

¿Cuántos postes se requieren para cercar el lado que mide 232 m, si éstos deben estar separados 8m uno del otro.

Haz un croquis de esto en tu cuaderno.

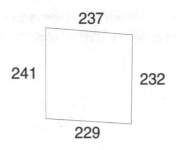

	237
241	232
	229

Redondeo de las longitudes de los lados y cálculo aproximado del perímetro del terreno	Cálculo exacto del perímetro del terreno obtenido por Alicia
230 230 + 230 230 ⬚ o bien 230 x 4 ⬚	232 ⬚ + 241 ⬚ ⬚

Por la noche, ya en sus habitaciones, Carlos y Alicia se pusieron a dibujar .
Le pidieron a su mamá un papel que extendieron en el suelo y con lápices de diferentes colores hicieron figuras. Después calcularon el perímetro de cada una.

Calcula mentalmente el perímetro aproximado de las figuras. Posteriormente calcula el perímetro exacto y compara ambos resultados.

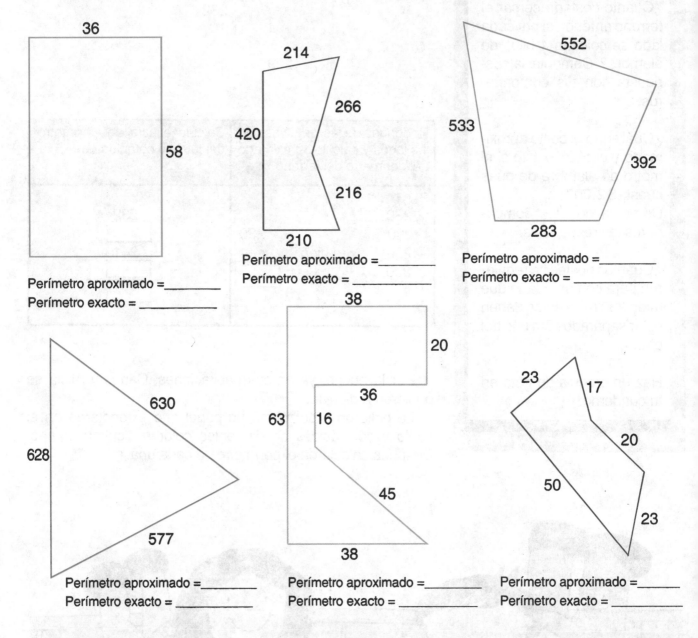

36

58

Perímetro aproximado =_____
Perímetro exacto = _____

214

266

420

216

210

Perímetro aproximado =_____
Perímetro exacto = _____

552

533

392

283

Perímetro aproximado =_____
Perímetro exacto = _____

630

628

577

Perímetro aproximado =_____
Perímetro exacto = _____

38

20

36

63 **16**

45

38

Perímetro aproximado =_____
Perímetro exacto = _____

23 **17**

20

50

23

Perímetro aproximado =_____
Perímetro exacto = _____

Después de viajar algunos días, la familia llegó a la casa de los abuelos, que estaba construida en una huerta fuera de la ciudad.

Los niños se dedicaron a recorrer toda la huerta; Carlos quería saber cuántos metros medía de largo el terreno, pero como en ese instante no encontró a quién preguntarle, ¿qué crees que hizo para saberlo?

Contó los pasos que había de un extremo a otro y consideró que cada paso que daba era de aproximadamente un metro. Así pudo estimar el perímetro de la huerta.

14

Después comparó las cantidades exactas que le dio su abuelo con las suyas.

Completa los siguientes espacios en blanco para que conozcas cuáles fueron los resultados de Carlos.

	Pasos	Estimación	Cantidades exactas
Largo	105		98 m
Ancho		67 m	63 m
Perímetro		344 m	

ACTIVIDADES

Tú también puedes saber cuánto mide tu salón. Cuenta el número de pasos que tienen el largo y el ancho y estima su perímetro. Compara tu resultado con los de tus compañeros.

Organízate en equipo, mide lo que se indica y completa la siguiente tabla:

	Largo	Ancho	Estimación del perímetro
Cancha de basquetbol			
Patio de la escuela			
Salón de clase			

Al término del viaje, el papá hizo un balance de los costos reales de hospedaje, alimentación y otros gastos que aparecen en el siguiente cuadro. Escribe con números las cantidades:

Total de gastos durante el viaje de ida y vuelta		
Hotel	Tres mil doscientos setenta y siete	
Alimentos	Mil ochocientos noventa y cinco	
Paseos	Mil quinientos cuarenta y tres	

Carlos y Alicia habían disfrutado de unas hermosas vacaciones. Conocieron diversos lugares y personas. Vivieron experiencias que les permitieron adquirir nuevos conocimientos.

UN VIAJE A LA CIUDAD DE MÉXICO

Víctor vive en el pueblo de Santa Ana de Allende en el Estado de Hidalgo. La próxima semana visitará la Ciudad de México y aprovechará para ver algunos lugares de interés del Centro Histórico. En particular desea ver los murales de Diego Rivera en el edificio de la Secretaría de Educación Pública (SEP). El problema de Víctor es que nunca ha salido de su pueblo.

Alejandro, uno de sus amigos le dijo:

-Llegar allá es fácil, mira, yo te puedo prestar un plano donde se localiza la SEP. Allá te espero el próximo sábado para que juntos admiremos los murales.

Este plano forma parte de una guía turística. Alejandro se lo prestó a Victor y le dejó también la siguiente nota:

"La SEP se identifica con el número 31 y se localiza con la clave 4(F, 3)".

Víctor observó detenidamente el plano y la nota que le había dejado Alejandro y le pidió ayuda a su hermano para interpretarlos:

-El **4** que aparece en la nota corresponde al número del plano que te dieron; significa que si tuvieras la guía completa en tus manos, tendrías que buscar el plano número 4. En el que tienes, encontrarás la letra **F** en la parte superior

y el número **3** en el lado izquierdo del mapa. En el cruce de la columna **F** con el renglón **3** se localiza una zona y dentro de ésta debes encontrar el número 31, que es el que corresponde a la SEP.

Localiza en el plano que le dejó Alejandro a Víctor los siguientes lugares y completa:

1. Donceles y República de Chile   4 (__ , __)
2. Francisco I. Madero y Palma   4 (__ , __)
3. Belisario Domínguez y Allende   4 (__ , __)
4. Zócalo de la Ciudad de México   4 (__ , __)
5. Museo Nacional de Arte   4 (__ , __)
6. Torre Latinoamericana   4 (__ , __)

◧ ▶ ACTIVIDADES

Utiliza tus escuadras para trazar una cuadrícula con las marcas indicadas en el plano de la derecha. Localiza los siguientes lugares:

1. Museo Tecnológico, que se identifica con el número 2

         (__ , __)

2. Museo de Historia Natural, que se identifica con el número 1

         (__ , __)

3. Lago Menor, que se identifica con el número 4

         (__ , __)

4. Monumento a Rosario Castellanos, que se identifica con el número 19

         (__ , __)

17

- Ahora bien, para llegar a ese lugar toma en cuenta lo siguiente:

Primero: El autobús te dejará en la estación del Metro Indios Verdes.

Segundo: De ahí te diriges en el Metro a la estación Zócalo.

Tercero: Estando ya ahí, es fácil llegar a la SEP. Sólo consulta el plano que te dejó Alejandro y listo.

Llegó el sábado y Víctor partió con rumbo a la Ciudad de México.

Ya en la terminal, pidió informes de cómo llegar a la estación del Zócalo y la persona que lo atendió le regaló un plano con las estaciones del Sistema de Transporte Colectivo Metro de la Ciudad de México.

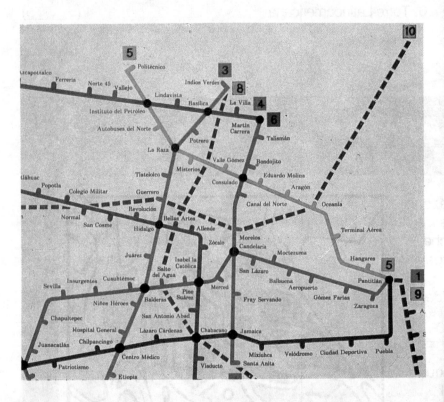

ACTIVIDADES

Marca con rojo el trayecto que crees que debió seguir Víctor de la estación Indios Verdes a la estación Zócalo.

Por equipos describan tres caminos diferentes que pudo seguir Víctor e identifiquen el que consideren más adecuado.

Con estos elementos de información, Víctor pudo llegar a su cita con Alejandro y juntos admiraron los murales en la SEP y otros lugares del Centro Histórico.

EL PUEBLO

Este es el mapa donde se localiza el pueblo de Santa Ana.

En todo mapa es importante tener la orientación con respecto a los puntos cardinales (norte, sur, este y oeste). En ellos se acostumbra indicar la orientación de los puntos cardinales usando un símbolo conocido como Rosa de los Vientos o simplemente dibujar una flecha indicando la dirección norte.

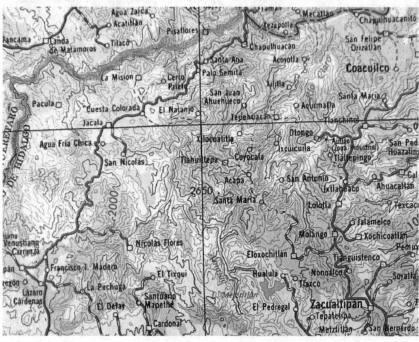

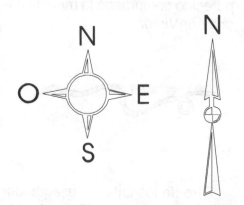

En un mapa también se acostumbra representar simbólicamente algunos elementos importantes como son ríos, carreteras, vías férreas, fronteras, ciudades, montañas, lagunas, etcétera.

ACTIVIDADES

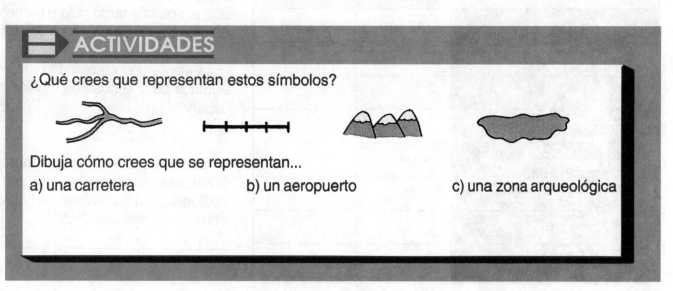

¿Qué crees que representan estos símbolos?

Dibuja cómo crees que se representan...

a) una carretera
b) un aeropuerto
c) una zona arqueológica

19

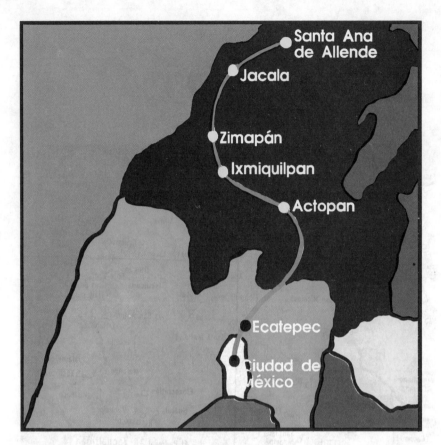

En este plano aparece Santa Ana, el pueblo donde vive Víctor. Localízalo.

Al salir Víctor de su pueblo con rumbo a la Ciudad de México ¿por qué lugares pasó?

_____

_____

_____

_____

Víctor ha medido con un pedazo de cordón la distancia que hay del punto que corresponde a Santa Ana al punto que representa la ciudad de México. Esta distancia es aproximadamente de 12 centímetros.

Con un cordón u otro material parecido comprueba la medida hecha por Víctor.

Se sabe que la distancia real de la Ciudad de México a Santa Ana es de 300 kilómetros. Basándote en lo anterior completa la siguiente tabla:

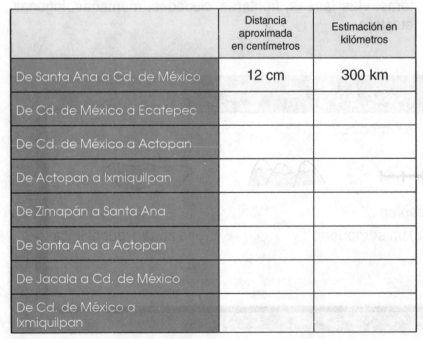

	Distancia aproximada en centímetros	Estimación en kilómetros
De Santa Ana a Cd. de México	12 cm	300 km
De Cd. de México a Ecatepec		
De Cd. de México a Actopan		
De Actopan a Ixmiquilpan		
De Zimapán a Santa Ana		
De Santa Ana a Actopan		
De Jacala a Cd. de México		
De Cd. de México a Ixmiquilpan		

Otro de los criterios usados por Víctor para medir la distancia, fue que el autobús tardó más o menos 60 minutos de Santa Ana a Jacala.

¿Qué tiempo crees que hará el autobús de la Ciudad de México a Jacala?

_____

Si de Actopan a Jacala el autobús tarda aproximadamente cuatro horas ¿cuántos kilómetros habrá entre estos dos pueblos?

_____

_____

EL AGENTE DE VENTAS

Julián Gallegos trabaja como agente de ventas en una compañía lechera. Todos los días, a las ocho de la mañana, sale a levantar los pedidos de leche evaporada que surtirá la siguiente semana. La Compañía Lechera Ideal vende su producto en tres presentaciones: caja con 15 latas chicas, caja con 12 latas medianas y caja con 8 latas grandes.

-¿Cuántas va a querer doña Tina? -pregunta Julián a la dueña de la primera tienda que visita.

-Que sean 10 cajas de la chica y 10 cajas de la mediana, joven.

-De acuerdo doña. Por aquí nos vemos luego.

-Buenos días don Poli, ¿qué le vamos a anotar hoy?

-Que sean 10 cajas de la medianita, como siempre.

-Bien, quedan anotadas 10 cajas, o sea 120 latas.

-Oye abuelo, ¿estará bien la cuenta? -dijo Manuel, el nieto de don Poli.

-¡Claro hijo!, mira - Y don Poli hizo esta multiplicación:

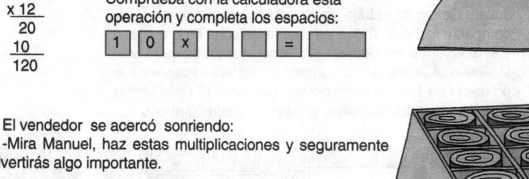

```
   10
 x 12
   20
   10
  120
```

Comprueba con la calculadora esta operación y completa los espacios:

| 1 | 0 | x | | | = | |

El vendedor se acercó sonriendo:

-Mira Manuel, haz estas multiplicaciones y seguramente advertirás algo importante.

| 15 x 10 = | 10 x 12 = | 8 x 10 = |
| 100 x 15 = | 12 x 100 = | 8 x 100 = |

¿Qué observas en los resultados cuando multiplicas un número por 10 o por 100?

Y sin dar tiempo a que Manuel contestara, Julián Gallegos le dijo:

Una forma rápida para multiplicar un número por 10 consiste en escribirlo y agregarle un 0 a la derecha.
El producto de un número por 100 se obtiene escribiendo el número y _____

_____

-¿Qué te parece si resuelves este problema? La semana anterior le vendí a la Cadena Comercial La Perla 1 000 cajas de leche en presentación chica. ¿De cuántas latas consta este pedido?

_____

_____

Al llegar a la tienda número 1 de los supermercados El Abasto, el gerente de comercialización recibe a Julián con una tarjeta que le indica su pedido: 100 cajas de latas chicas, 100 de latas medianas y 10 de latas grandes. Algo semejante le sucede en el súper La Estrella.

Transcurre el día y Gallegos regresa a la compañía lechera para entregar su reporte. En éste, y por política de la empresa, Julián tiene que especificar la cantidad de cajas y de latas de los pedidos.

Ayúdale al vendedor a llenar la forma correspondiente:

Reporte de ventas		No. 3321	
Fecha _____		Agente _____	
cliente	lata	# cajas	# latas
Doña Tina	chica	10	
Doña Tina	mediana	10	
Don Poli	mediana	10	
Supermercado El Abasto	chica		
Supermercado El Abasto	mediana		
Supermercado El Abasto	grande		
Supermercado La Estrella	chica		
Supermercado La Estrella	mediana		
Supermercado La Estrella	grande		

Por su parte, Manuel resolvió el problema y decidió hacer otras multiplicaciones para comprobar si la forma rápida que le había enseñado el vendedor se cumplía en otros casos:

diámetro

$$10\ 000 \times 37$$ $$1\ 000 \times 9 =$$ $$65 \times 10\ 000 =$$ $$100 \times 84$$

ACTIVIDADES

Las medidas de las latas son:

Lata	Diámetro	Altura
Chica	4 cm	5 cm
Mediana	6 cm	8 cm

¿Cuántas latas medianas caben en un casillero que mide 39 cm de largo, 19 cm de ancho y 26 cm de altura? _____

¿Cuántas latas chicas caben en un casillero de las mismas medidas? _____

Multiplica mentalmente
$100 \times 10 =$ _____
$100 \times 100 =$ _____
$2 \times 1\ 000 \times 3 =$ _____
$100 \times 20 =$ _____
$10 \times 10 \times 10 =$ _____

A la semana siguiente el vendedor regresa a la tienda de don Poli:

-Le traigo su pedido. ¿Cuántas cajas va a querer para la próxima semana?

-Por ahora nada Julián, gracias.

-Oiga señor Gallegos ¿sabe usted dónde envasan esta leche? -preguntó Manuel

-La dirección aparece en la etiqueta de las latas, a propósito ¿te gustaría conocer la planta lechera?

-Por supuesto.

-Este sábado voy a llevar a mi sobrino Ricardo para que la conozca, si quieres puedes acompañarnos.

-¿Puedo ir abuelo?

-Bueno... ya veremos. Yo te aviso Julián y otra vez, gracias.

El sábado muy temprano Julián Gallegos y Ricardo, su sobrino, pasaron a recoger a Manuel, el nieto de don Poli. Durante el trayecto hacia la planta cantaron, platicaron anécdotas y contaron chistes hasta que llegaron a su destino.

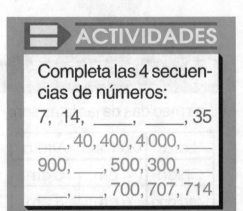

En la entrada de la planta, el vigilante anotó sus nombres en una libreta, despegó de una plantilla las tres etiquetas que seguían y les pidió a los niños y al agente que las pegaran en sus camisas. En estas etiquetas se leía la leyenda visitante y un número.

-A mí me tocó el número más grande y a usted el más chico señor Gallegos -dijo Manuel .

Y le mostró la etiqueta con el número 4 135, *cuatro mil ciento treinta y cinco,* que había pegado en su camisa.

Estas son las etiquetas. Llena los espacios vacíos.

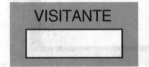

VISITANTE

VISITANTE

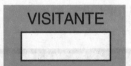

VISITANTE

4 135

ACTIVIDADES

Completa las 4 secuencias de números:

7, 14, _____, _____, 35

_____, 40, 400, 4 000, _____

900, _____, 500, 300, _____

_____, _____, 700, 707, 714

El número que le tocó a Ricardo es _____

ACTIVIDADES

Organízate en equipo para investigar y describir el proceso que se sigue para envasar tres productos que seleccionen.

Identifica tres productos que se transportan en pipas e investiga la cantidad de litros que pueden trasladar.

Iniciaron la visita por el departamento de recepción de leche. Era ahí, precisamente, donde las pipas descargaban el producto. El señor Beltrán, encargado de la planta, les explicó que había tres cajones de descarga, uno para pipas de doce mil litros, otro para las pipas de veinticuatro mil y otro más para las pipas de cuarenta y cinco mil.

-Aquí llegan una pipa chica y una grande. ¿Quieren ayudarme a escribir y leer en estos medidores la cantidad de litros que descargan?

-Sí, sí.

-Tú te encargas de este medidor y tú de ese otro -les indicó a los niños.

-Este marca *ocho mil ciento cuarenta y nueve* litros -comentó Ricardo. Completa el siguiente medidor

-Este otro indica

   es decir _____

_____

-¿Ya te diste cuenta Manuel?, te tocó registrar un número menor, pues 8 149, *ocho mil ciento cuarenta y nueve,* es menor que 43 251, *cuarenta y tres mil doscientos cincuenta y uno.* Completa:

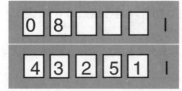

Porque si los acomodas así, con las unidades en columna, y comparas la primera cifra, notarás que el cuatro es mayor que el cero.

El señor Beltrán, que escuchaba la conversación, les dice:

-Aquí tienen una copia de lo que recibimos la semana pasada. A ti Ricardo, te doy la del miércoles y a ti la del sábado.

Entrega	Ricardo	Manuel
1	37 512	37 583
2	21 623	14 119
3	09 754	27 168
4	28 399	29 504
5	24 794	08 794
6	11 145	

Escribe si cada entrega registrada en la hoja de Ricardo es *menor, igual* o *mayor* que la registrada en la hoja de Manuel.

Entrega	Menor, mayor o igual
1	
2	
3	
4	
5	
6	

Después de estar en el departamento de recepción visitaron otras áreas de la planta lechera y aproximadamente a las tres y media de la tarde iniciaron el regreso a casa.

Ya en el auto Manuel preguntó:

-Oiga señor Gallegos ¿y vende usted mucho?

-Regular. Mira, ahí en esa carpeta está el registro de las ventas que hice en esta semana.

Manuel tomó el reporte y decidió estimar el número de cajas vendidas diariamente. Para ello hizo un cálculo mental y redondeó cada una de las cantidades.

¿Pudiste comparar todas las entregas? _____

¿Por qué? _____

Observa y completa la siguiente tabla:

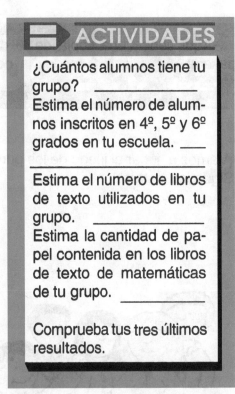

ACTIVIDADES

¿Cuántos alumnos tiene tu grupo? _____

Estima el número de alumnos inscritos en 4º, 5º y 6º grados en tu escuela. ____

_____

Estima el número de libros de texto utilizados en tu grupo. _____
Estima la cantidad de papel contenida en los libros de texto de matemáticas de tu grupo. _____

Comprueba tus tres últimos resultados.

Día	Núm. de cajas (caja grande)	Núm. aproximado de cajas
Lunes	197	
Martes	103	100
Miércoles	72	
Jueves	96	
Viernes	28	30

¿Cuál es el número exacto de cajas vendidas? _____
¿Cuál fue la estimación semanal de Manuel? _____
¿Consideras este resultado una buena estimación? _____
¿Por qué? _____

   -Señor Gallegos, usted vendió alrededor de quinientas cajas de leche -dijo Manuel.
   -Así es -contestó el vendedor.
   -Oye, pero, ¿cómo lo hiciste tan rápido? -preguntó Ricardo.
   Y Manuel se lo explicó de esta forma:
   -Mira, todas las cantidades se redondean a la cantidad más próxima que termine en cero.

   En eso estaban cuando llegaron a la casa de don Poli. Había sido un día demasiado agitado pero muy divertido.

EL JUEGO DE LOS PUNTOS

¡Vamos a jugar al juego de los puntos!
Sigue las instrucciones.

1. Se requieren dos jugadores.
Cada uno usa una cuadrícula como ésta:

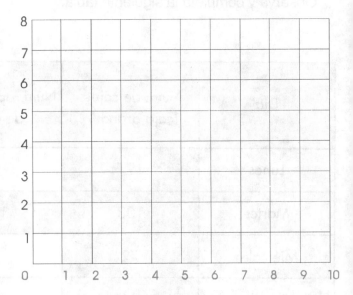

2. Cada jugador marca cinco puntos en su cuadrícula sin que el otro jugador se dé cuenta. Utiliza diferentes letras y colores. Por ejemplo:

El punto A se localiza "uno a la derecha y cuatro hacia arriba". O simplemente (1, 4)

El punto E se localiza "4 a la derecha y 3 hacia arriba". O simplemente (4, 3)

El punto I se localiza _____

_____

El punto O se localiza _____

_____

El punto U se localiza _____

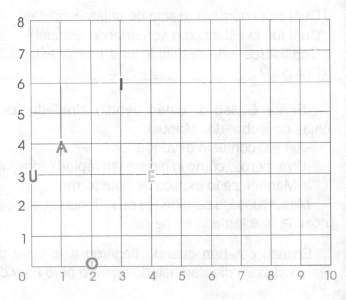

28

3. Cada jugador tratará de adivinar la posición de los puntos de su adversario hasta en quince intentos, uno por turno.

4. Gana quien adivine más posiciones de los puntos en los quince intentos.

5. Ahora ¡a jugar! Dibujen sus cuadrículas.

Observa la cuadrícula y completa la tabla. Fíjate en los ejemplos:

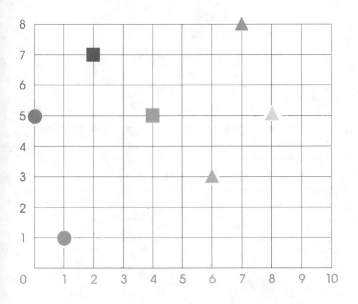

●	(0, 5)
▲	(6, 3)
■	
●	
▲	
■	
▲	

29

Observa la tabla y marca en la cuadrícula los puntos. Fíjate en el ejemplo:

A	B	C	D	E	F	G
(3,5)	(1,2)	(2,1)	(0,4)	(5,1)	(6,1)	(0,0)

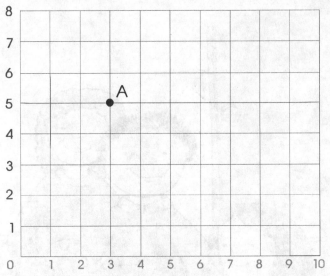

¿Qué necesitas para ubicar estos cinco puntos? Coméntalo con tus compañeros.

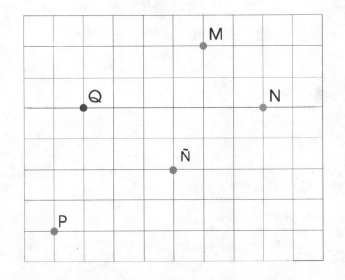

Marca en la cuadrícula los siguientes puntos y escribe la letra que le corresponde a cada uno:

A (1 , 9)   E (1 , 1)   I (10 , 2)
B (5 , 10)   F (4 , 0)   J (3 , 7)
C (8 , 9)   G (6 , 1)   K (8 , 6)
D (4 , 8)   H (0 , 1)   L (6 , 6)

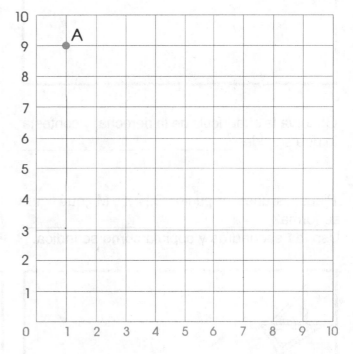

Si unes los puntos A, B, C y D, ¿qué figura se forma?

_____

Si unes los puntos H, G, K y L, ¿qué figura se forma?

_____

Si unes los puntos F, G, L, D y E, ¿qué figura se forma?

_____

De los puntos que localizaste, ¿cuáles unirías para que se forme un triángulo?

_____

¿Cuáles de estos puntos unirías para que se forme un rectángulo?

_____

Traza y comprueba tus resultados.

Algunas figuras geométricas se identifican con letras siguiendo un orden a partir de un punto. Fíjate en los ejemplos:

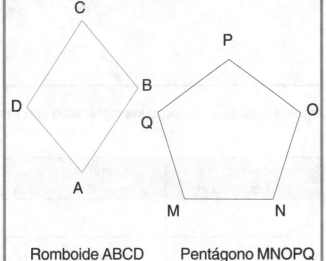

Romboide ABCD   Pentágono MNOPQ

31

Auxiliándote de las escuadras como se indica, traza aquí líneas paralelas

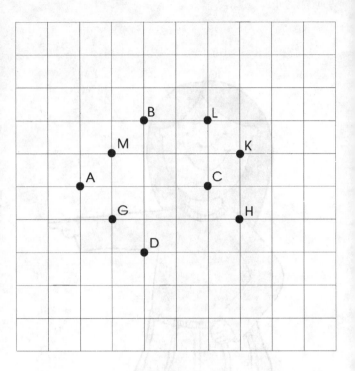

Observa la cuadrícula de la derecha y contesta lo que se pide. _____

Piensa, si unes los puntos G, H, K y M ¿qué figura se forma? _____
Usa las escuadras y cópiala como se indica.

Piensa, si unes los puntos A, B, C y D ¿qué figura se forma?

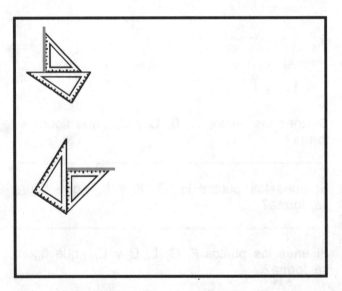

Copia aquí la figura A, B, C y D. Dibújala con tus escuadras como se indica.

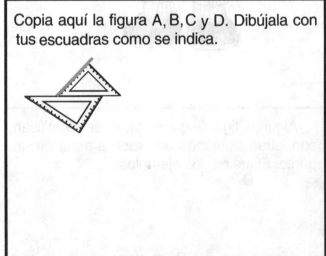

Escribe los nombres de las figuras que trazaste, completa la tabla y compara los resultados con tus compañeros.

Nombre de la figura	Perímetro estimado en centímetros	Perímetro utilizando regla graduada	Diferencia entre lo estimado y lo medido

Para resolver estos cuatro problemas auxíliate de la cuadrícula. Toma en cuenta que los dos puntos extremos del lado de una figura son (0, 0) y (6, 0). Contesta:

1. ¿Cuál es la posición del tercer punto para que la figura sea un triángulo isósceles? ¿Cuál es el perímetro de este triángulo?

El punto faltante se localiza en

_____

El perímetro de la figura es

_____

Compara tu solución con la de tus compañeros. ¿Qué observas en todas ellas? Coméntalo.

2. ¿Dónde se localizan los otros dos puntos extremos de un lado para que la figura sea un cuadrado? ¿Cuál es el perímetro de esta figura?

Los dos puntos faltantes se localizan en

_____

El perímetro de la figura es

_____

3. ¿Dónde se localizan los otros dos puntos extremos de un lado para que la figura sea un rectángulo de altura 15? ¿Cuál es el perímetro de esa figura?

Los dos puntos faltantes se localizan en

_____

El perímetro de la figura es

_____

4. ¿Qué faltaría conocer para poder formar una figura de cinco lados? Comenta las soluciones con tus compañeros.

33

MI FIESTA

-El día de mi cumpleaños organicé una fiesta a la que invité a varios amigos. Cuatro de ellos y yo adornamos la casa con globos de distintos tamaños.

-Para inflarlos nos repartimos la misma cantidad de globos de cada bolsa. Primero nos dividimos la bolsa de los globos grandes y los colocamos sobre la mesa.

Observa el dibujo y reparte los globos.

La bolsa de los globos grandes quedó dividida en _____ partes iguales.

¿Qué parte de la bolsa le toca inflar a cada uno?

⬚

Observa el diálogo entre el niño y su mamá y contesta lo siguiente:

Escribe el número que está pensando la mamá.

☐

— ¿Cómo se lee?

_____

¿Qué representa el cinco?

_____

¿Qué representa el uno?

_____

¿Cómo se leen las siguientes fracciónes?

$\dfrac{3}{4}$ _____ $\dfrac{2}{3}$ _____

$\dfrac{3}{2}$ _____ $\dfrac{2}{5}$ _____

-Cuando empezamos a inflar los globos llegó mi mamá.

¿Adivina qué? A mi me toca inflar una de las cinco partes en que dividimos la bolsa.

$\dfrac{\text{Parte que le toca inflar}}{\text{Total de partes de la bolsa}} = \dfrac{1}{5}$

Eso quiere decir que vas a inflar una quinta parte del total de globos grandes...

De la bolsa de globos de tamaño mediano:

Jaime infló su parte de globos y la mía también porque yo tuve que ir a comprar refrescos.

¿Cuántas partes de globos te tocó inflar, Jaime?

¿Cuántos globos inflaste?

Es decir que de las cinco partes del total:

Jaime infló _____ quintas partes

o sea ☐

35

-Terminando de inflar los globos medianos nos dimos cuenta que eran *suficientes*, por lo tanto, dejamos sin inflar 80 de los chicos.

¿Qué parte de la bolsa de globos chicos inflamos?

¿Cuántos globos inflamos?

_____

_____ Y se simboliza $\boxed{\frac{}{}}$

-Llegaron más invitados cuando estábamos decidiendo dónde colocar los globos que inflamos. Adornamos con ellos las paredes y el techo, y una tercera parte la destinamos para jugar.

¿Recuerdas cuántos globos inflamos?

¿Cuántos globos usamos para jugar?

_____

_____

-Dos tercios o $\boxed{\frac{}{3}}$ representa la parte de globos que se utilizaron para decorar mi casa.

-¿Adivina a qué jugamos? Se nos ocurrió colocar una manta de dos metros de largo por uno veinte de ancho para reventar globos con dardos.

-Isidro sugirió amarrar los globos en clavitos, separarlos por la misma distancia y usar toda la manta.

-Nos encantó la idea. Sobre la pared colocamos la manta y ahí llevamos los globos... pero en el camino se nos reventaron seis...

¿Cuántos globos nos quedaron para jugar a los dardos?

_____ Y tienen que quedar a la misma distancia, a lo largo y a lo ancho, de tal forma que no sea tan fácil romperlos

Si los globos tienen que quedar a la misma distancia, ¿cómo los distribuirías? _____

_____

_____

¿Será la misma distancia a lo largo que a lo ancho?

_____

Mientras Sergio colocaba los clavos, los demás amarrábamos los globos.
Ayúdanos a terminar. Sugerencia: Ubica los clavos trazando arcos con el compás

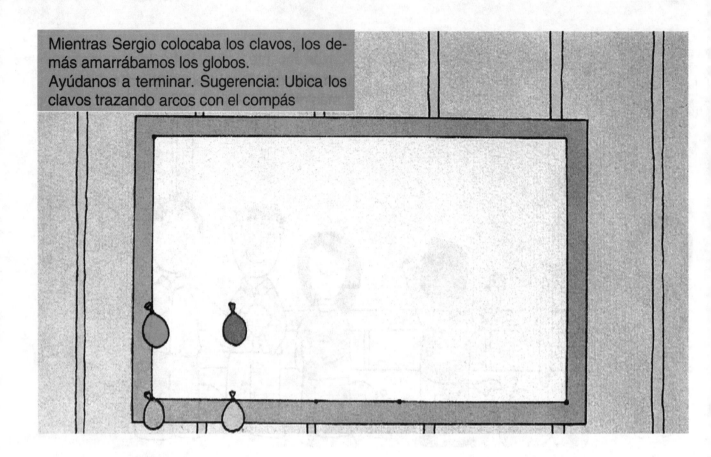

El resultado del juego fue...

Nombre	Fracción	Número de globos
Isidro	$\frac{2}{6}$	☐ Globos
Sergio	$\frac{1}{3}$	☐ Globos
Yo	$\frac{}{}$	3 Globos

-Después de colocar los globos, comenzamos el juego. Acordamos que el primero en escoger premio sería quien rompiera más globos.

¿Quién ganó?

¿Cuántos globos quedaron sin reventar?

-Después de jugar, comer, partir el pastel y bailar. Mi papá nos dio una sorpresa...

¡A ver muchachos escojan sus juguetes!

ACTIVIDADES

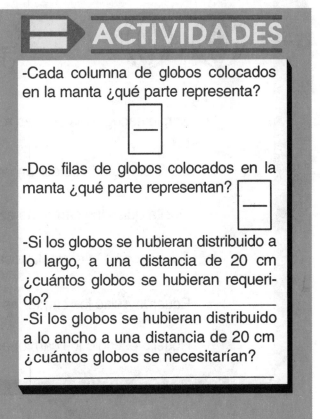

-Cada columna de globos colocados en la manta ¿qué parte representa?

$\frac{}{}$

-Dos filas de globos colocados en la manta ¿qué parte representan? $\frac{}{}$

-Si los globos se hubieran distribuido a lo largo, a una distancia de 20 cm ¿cuántos globos se hubieran requerido? _____

-Si los globos se hubieran distribuido a lo ancho a una distancia de 20 cm ¿cuántos globos se necesitarían?

_____

Algunos de los juguetes que trajo mi papá fueron estos

ACTIVIDADES

Los niños seleccionaron estos juguetes. Escribe la fracción correspondiente a los juguetes que escogió cada invitado.

Sergio escogió las pelotas rojas, o sea	$\frac{3}{4}$	del total de pelotas
Isidro escogió la pelota amarilla, es decir	—	del total de pelotas
Rosita quiso las carreolas azules, o sea	—	del total de carreolas
Tere escogió la carreola rosa, es decir	—	del total de carreolas
Eduardo quiso los camiones verdes, o sea	—	del total de camiones
Rogelio escogió los camiones rojos, o sea	—	del total de camiones

COMPETENCIA DEPORTIVA

Los niños de la escuela primaria Gregorio Torres Quintero de Xochihuehuetlán, una pequeña población del Estado de Guerrero, están felices porque el maestro Pedro va a organizar una competencia deportiva de futbol, basquetbol y voleibol. Diez niños colaborarán directamente en la organización de la actividad y la primera tarea que se les asigna es pintar las tres canchas de acuerdo a las indicaciones del profesor .

Los niños se mostraban muy ansiosos por iniciar cuanto antes la tarea.

-¿Qué necesitaremos para hacer todo esto? -preguntó uno de ellos al resto de sus compañeros.

-Pues yo creo que necesitamos un metro y mucha pintura -contestó otro.

-¿Cuántos litros de pintura crees que necesitaremos?

-¡Quién sabe! Pero deben ser muchísimos.

-Vamos a preguntarle al maestro, a ver qué nos dice.

≡▶ ACTIVIDADES

¿Qué unidad de medida utilizarías para saber cuánto mide el ancho de una cancha de basquetbol?

¿Discutan en equipo la estrategia a seguir para saber cuántos litros de pintura se requieren para pintar el perímetro de una cancha de voleibol?

Los niños se acercan al profesor:

-Maestro, para pintar las canchas necesitaremos mucha pintura, pero no sabemos cuántos litros serán.

-No van a necesitar pintura, interrumpió el profesor.

-¿Entonces?

-Miren, en lugar de pintura utilizarán cal. Adquirir un bulto resulta más barato que comprar varios litros de pintura. Con este dinero compren la cal y un rollo de mecate en la tienda de don Chava.

-¿Y quién va a cargar el bulto? Es muy pesado.

-Eso es fácil de solucionar...

¿Cuánto crees que pesa un bulto de cal? _____

¿Qué harías tú para llevar con tus compañeros un bulto de cal?

Comenta tus respuestas con tus compañeros.

-¡Ah! ya sé como le vamos a hacer -contestó uno de los niños-. Otra cosa maestro, ¿con qué vamos a medir las canchas como usted las quiere?

-Pueden pedir un metro en la dirección de la escuela o bien utilizar el mecate para que se les facilite medir.

-Pues yo creo que sí, porque la cancha de futbol es muy grande.

-Bueno maestro, ahorita mismo nos pondremos a trabajar ... ¡hasta luego!

-Muy bien niños, estoy seguro que sabrán hacerlo.

De los diez niños, cinco se dirigen a la dirección a recoger el metro y los otros cinco a la tienda de don Chava a comprar el bulto de cal y el rollo de mecate.

En la tienda de don Chava se venden muchas cosas. La gente entra y sale continuamente. Se escuchan voces que dicen: me da un *kilo* de azúcar...a mí me da un litro y medio de aguarrás... yo quiero veinte metros de cable... deme veinticinco gramos de carbonato... véndame dos kilos y medio de frijol.

-Nosotros queremos un bulto de cal y un rollo de mecate.

Mientras que don Chava atendía a otros clientes, los niños se dedicaron a curiosear. Les llamó la atención cómo el señor de la tienda despachaba sus productos.

ACTIVIDADES

¿Cuáles de los recipientes de arriba utiliza don Chava para despachar $\frac{3}{4}$ de litro de aguarrás? _____

¿Y para $1\frac{1}{2}$ litros? _____

¿Cuáles de las pesas de arriba utilizarías para despachar estos productos que le pidieron a don Chava?

25 gramos de carbonato _____

48 gramos de comino _____

75 gramos de orégano _____

Construye una balanza con dos tapas iguales de frascos y una regla graduada. Utliza como pesas monedas de $ 2.00, que pesa 5 gramos cada una, y monedas de 10 centavos, que pesan 2 gramos.

¿Cuánto pesa un gis?, ¿un lápiz? y ¿un borrador?

_____

-Oiga don Chava, ¿por qué mejor no utiliza esa báscula nueva?

Don Chava sin desatender su labor le contestó al niño:

-Todavía no me acostumbro; pero tienes razón, habrá que usarla.

Y don Chava pesó el frijol que le pidieron en la báscula nueva.

Investiga cuáles son las unidades de medida más usadas en los mercados y en las tiendas de tu comunidad. Comenta los hallazgos en tu clase.

Luego de hacerlos esperar un buen rato, don Chava al fin pudo atender a los inquietos niños:

-¿Qué van a comprar?

-Queremos un bulto de cal y un rollo de mecate.

-El bulto de cal es muy pesado. No van a poder cargarlo ...

-No lo vamos a cargar completo, ¿nos lo puede dar en cinco partes iguales?

-¡Ah qué muchachos tan listos! Ahorita mismo les consigo unas bolsas y les despacho la cal. ¿El rollo de mecate lo van a querer de diez o de quince metros?

-El de diez metros -contestó uno de los niños al mismo tiempo que extendía un billete para pagar el importe correspondiente.

ACTIVIDADES

Si un bulto de cal pesa 25 kilogramos, ¿cuánto pesará $\frac{1}{5}$ parte? _____

¿Y la mitad del bulto? ____

¿Qué podrías medir con un mecate de diez metros? Comenta las respuestas con tus compañeros.

ACTIVIDADES

¿Cuántas veces cabe el mecate de 10m a lo largo de una cancha de futbol que mide 100 metros? _____

¿Qué fracción representa el mecate con respecto al largo de la cancha de futbol?

_____

Los cinco niños regresaron a la escuela con la cal y el mecate y se dirigieron rápidamente al patio donde ya los esperaban sus compañeros con el metro:

-Empezaremos primero con la cancha de futbol.

-¡No! Mejor con la de basquetbol -replicó otro.

Luego de ponerse de acuerdo, decidieron iniciar por la cancha de futbol.

-Tenemos que pintar un rectángulo de cien metros de largo por setenta metros de ancho. Luis y Carlos extenderán el rollo de mecate de 10 metros, mientras Raúl y Bernabé van echando la cal -propuso Francisco.

Después de un buen tiempo, al fin lograron pintar las canchas de futbol, basquetbol y voleibol y cansados se retiraron a sus casas.

Esta es la mitad de una cancha de futbol. Complétala usando tu juego de geometría:

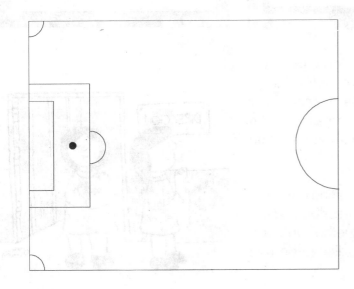

45

Al día siguiente el maestro Pedro felicitó efusivamente a los diez niños. ¡Habían hecho un buen trabajo!

-¿Cómo lo hicieron? -preguntó el maestro.

-Fue muy fácil maestro, para las medidas cortas utilizamos el metro y para las más grandes utilizamos el mecate de diez metros, lo fuimos repitiendo diez veces a lo largo de la cancha de futbol para que nos dieran los cien metros ...

ACTIVIDADES

Para medir las canchas de futbol, voleibol o basquetbol, el metro no es muy útil, por eso se emplea una medida de diez metros que se llama _____

¿Cuántos metros son 8 dam? _____

¿Cuántos metros son 7 hm? _____

¿Cuántos metros son 3 dam? _____

¿Cuántos metros son 3 hm más 3 dam? _____

¿Cuántos metros son 5 hm más 2 dam? _____

¿Cuántos metros son $\frac{1}{2}$ km? _____

¿Cuántos metros son $\frac{1}{4}$ km? _____

¿Cuántos metros son $\frac{1}{5}$ hm? _____

El metro (m) es la unidad principal de longitud en el Sistema Métrico Decimal.
10 metros hacen un decámetro (dam)
100 metros hacen un hectómetro (hm)
1 000 metros hacen un kilómetro (km)
O bien:
1 km = 1 000 m
1 hm =   100 m
1 dam =   10 m

Después de felicitar a los niños el maestro Pedro les dijo:

-Quiero que me ayuden a preparar algunos carteles que se utilizarán durante la competencia. Vayan a la dirección por cartulinas, pegamento, marcadores, tijeras, reglas... en fin todo lo necesario para hacer unos bonitos carteles porque mañana inicia la competencia.

-¿Qué vamos a hacer maestro?

-A lo largo de las cartulinas corten tiras de quince centímetros de ancho. Una vez que las tengan listas, escriban cuidadosamente en cada una las palabras basquetbol, futbol y voleibol, lo más centrado posible. Pueden auxiliarse de una regla graduada para que les quede mejor.

Los niños fueron por el material necesario para efectuar la tarea que les habían asignado. Hicieron lo que se les indicó, pero uno de ellos no utilizó la regla graduada para centrar sus letras en la tira de cartulina, sino que lo hizo *a ojo* y le quedó así:

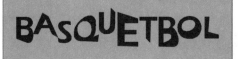

A otro niño que sí utilizó regla le quedó así:

FUTBOL

ACTIVIDADES

Recorten una tira de cartulina de 10 centímetros, es decir de un decímetro, para usarla como modelo. Luego usen el modelo para trazar y recortar 10 tiras más de decímetro. Peguen con una cinta adhesiva las 10 tiras extremo con extremo, hasta formar una sola tira.

¿Cuánto mide? _____

¿Con cuál de las dos tiras medirías el largo del pizarrón? _____

¿Y el ancho de tu libro? _____

En este espacio escribe VOLEIBOL. Utiliza el juego de geometría. Deja alrededor un margen de 4 milímetros.

Observa la parte destacada en cada palabra y su significado. Busca otras palabras que contengan estas partes:

<u>kiló</u>metro: kilo significa mil
<u>centí</u>metro: centi significa centésima parte de
<u>deci</u>metro: deci significa décima parte de
<u>mili</u>metro: mili significa milésima parte de

Por fin llegó el gran día de las competencias deportivas. Dos equipos de futbol salieron a la cancha a hacer sus calentamientos. Un jugador corrió a lo largo de la cancha de ida y vuelta. ¿Cuántos metros recorrió? _____

¿A cuántos decámetros equivalen? _____

Las competencias fueron muy reñidas. A los primeros lugares en cada uno de los deportes se les entregó un trofeo de casi cinco kilogramos de peso, a los segundos lugares unas medallas de 7 centímetros de diámetro y a los terceros lugares un diploma.

RETOS CON NÚMEROS

1. Triángulo.

Coloca en cada círculo vacío, sin que se repita, un número de los que aparecen fuera del triángulo de tal forma que la suma de cada lado sea 200.

Pistas:

Escribe de qué color es el lado del triángulo que tiene menos círculos vacíos.

_____

Anota el total faltante en ese lado.

_____

Expresa este total como la suma de los números que están fuera del triángulo y anótalas aquí.

_____

2. Estrella.

Escribe en los círculos vacíos los números que aparecen en el interior de la figura, de manera que la suma de cada lado sea igual a 44.

Pistas:

Encuentra el total faltante en alguno de los lados y anótalo aquí. _____

Trata de expresar ese número sumando algunas de las cantidades que aparecen en el interior de la figura.

▪ ACTIVIDADES

Observa los números que aparecen en cada uno de los juegos e indica qué tienen en común.
Inventa con las mismas figuras una variante de estos juegos.

48

3. Juego con capicúas.

Un número es capicúa cuando se lee igual de izquierda a derecha que de derecha a izquierda.
Ejemplos:
494, 5 335 y 32 723
En notación desarrollada se escriben:

400 + 90 + 4

5 000 + 300 + 30 + 5

30 000 + 2 000 + 700 + 20 + 3

En cada casilla del cuadro de la derecha escribe una cifra de las que aparecen a su alrededor, de manera que en cada renglón, columna y diagonal te resulte un número capicúa.
Pistas:

En cada número capicúa, la cifra que corresponde a las unidades es la misma que la de las decenas de millar.

El número capicúa de las diagonales se escribe en notación desarrollada así:

20 000 + 8 000 + 100 + 80 + 2

4. La hoja incompleta.

La hoja de la derecha se utilizará para dar un informe de población, pero le faltan datos.

Con la información de la gráfica y con lo siguiente completa lo que se te pide.
Pistas:

Cuatro de las cantidades se expresan en *notación desarrollada* así:

800 000 + 20 000 + 4 000 + 600 + 40 + 3

700 000 + 10 000 + 9 000 + 600 + 50 + 9

500 000 + 30 000 + 5 000 + 100 + 80 + 5

300 000 + 10 000 + 7 000 + 700 + 60 + ☐

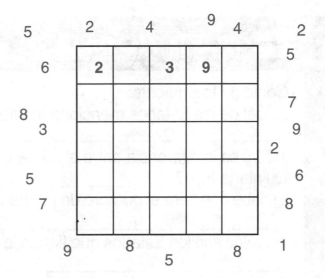

Estados de la República Mexicana
con población menor
a un millón de habitantes*

Aguascalientes ___965_
Baja California Sur _17764
Campeche __5185
Colima _28510
Nayarit _2_643
Quintana Roo _93277
Tlaxcala _61277

MILES

900
800
700
600
500
400
300
200
100
0

AGS. B.C.S CAMP COL NAY Q.ROO TLAX
*INEGI *XI Censo General de población y vivienda.*
México,1990

ACTIVIDADES

Contesta lo siguiente:

¿Cuál de los Estados mencionados tiene mayor población?

_____

¿Cuál es la diferencia entre el número de habitantes de Campeche y el de Quintana Roo? _____

Escribe con letra el número de habitantes del Estado de Nayarit.

_____

¿Cuáles son los Estados que tienen la población más cercana en número?

_____

Ordena de mayor a menor el número de los habitantes de los Estados de la gráfica. _____

_____

5. Juegos con calculadora.

Usa la calculadora para realizar las sumas sin utilizar la tecla ⬚5⬚ .

Escribe sobre las teclas los dígitos que hagan falta para obtener los resultados que aparecen en las pantallas.

Pistas:

Haz la descomposición de cada número en dos o más sumandos. Recuerda que la tecla ⬚5⬚ no se puede usar

Anota en tu cuaderno los números que vayas obteniendo en tus intentos:

75 + 56

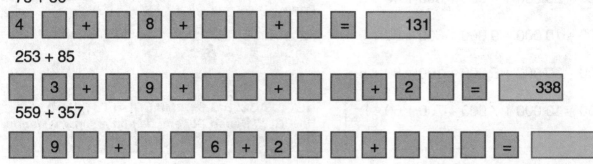

253 + 85

559 + 357

50

6. Operación con figuras.

Escribe la cifra que le corresponde a cada figura.

Pistas:

Tienes cuatro operaciones, la última es de multiplicación y resta.

El valor numérico de una misma figura cambia de una operación a otra y siempre es menor que 10.

Comprueba los resultados de las operaciones.

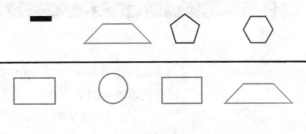

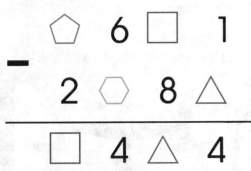

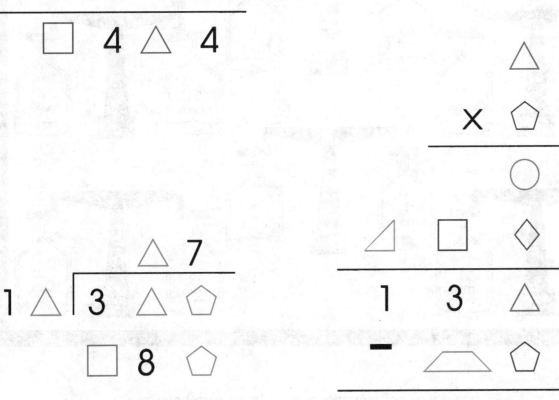

EL MÓVIL DEL TIEMPO

En las siguientes balanzas en equilibrio se ilustran las equivalencias entre segundos y minutos, minutos y horas, horas y días, días y semanas, días y meses y meses y años.

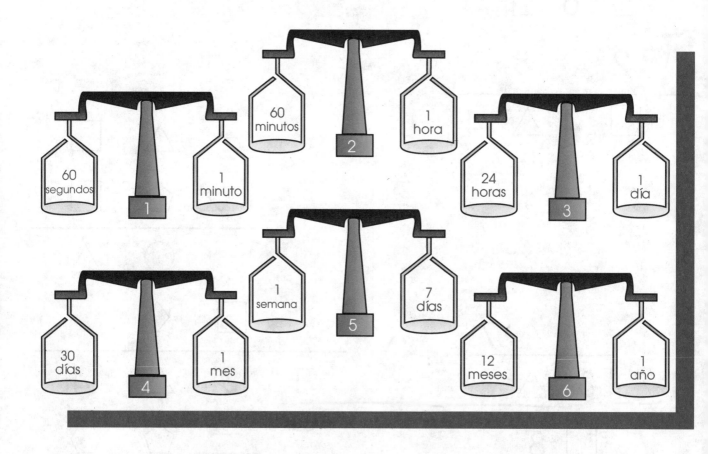

Podrás notar, por ejemplo, que en la primera balanza 60 segundos equivalen a _____ minuto, en la tercera 1 día equivale a _____ horas y en la sexta balanza _____ meses equivalen a 1 año.

En la parte superior de estas tablas se sugiere una manera de hacer conversiones con unidades de tiempo. Completa.

×60

Minutos	Segundos
1	60
3	
	300
7	
9	540
11	

×60

Horas	Minutos
	120
4	
6	360
8	
10	
	720

×24

Días	Horas
1	
2	48
3	
	96
5	
	144

Identifica formas y colores y escribe sobre la raya que está dentro de cada figura, la equivalencia que corresponda (puedes usar calculadora). Por ejemplo, 5 años equivalen a 60 meses.

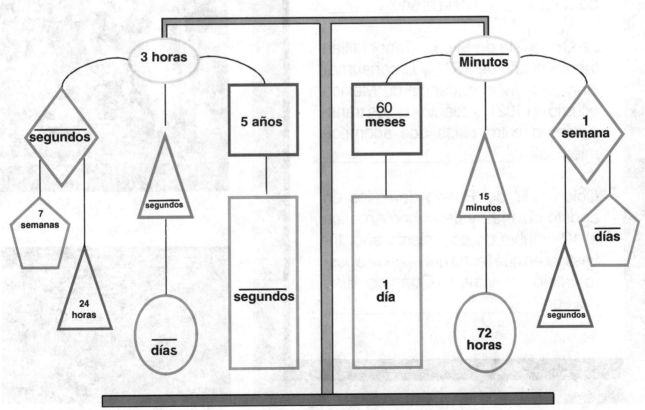

53

▤ ACTIVIDADES

Investiga en equipo el significado de: bimestre, bisiesto, década, lustro, milenio, semestre, sexenio, siglo, trienio y trimestre.

La Guerra de la Independencia se inició el 15 de septiembre de 1810 y se consumó el 27 de septiembre de 1821, ¿cuántos lustros duró?_____

Tu edad es de _____ años ____ meses, ¿cuántos meses has vivido? _____

Cuando decimos: *la segunda mitad del siglo diecisiete y la primera mitad del siglo dieciocho* nos referimos al periodo de tiempo comprendido desde el año _____ hasta el año_____.

La Conquista de México-Tenochtitlán fue en el año de 1521 y la consumación de la Independencia de México ocurrió en 1821, ¿cuántos siglos transcurrieron entre estos dos acontecimientos? _____

Colón salió del Puerto de Palos en agosto de 1492 y descubrió América el 12 octubre de ese mismo año. Investiga en qué fecha del mes de agosto inició su viaje. ¿Cuántos días navegó?_____

CONTINUANDO CON EL TIEMPO

Los siguientes relojes son distintos a los que conoces. No tienen la manecilla de las horas, pero sí la de los minutos y, a pesar de esto, funcionan como si tuvieran las dos.

Cada vez que se mueve la manecilla deja pintado su recorrido sobre la carátula, si se para y vuelve a caminar, lo pinta de otro color.

Completa las fracciones del recorrido de la manecilla y une con una raya las carátulas que muestren fracciones equivalentes.

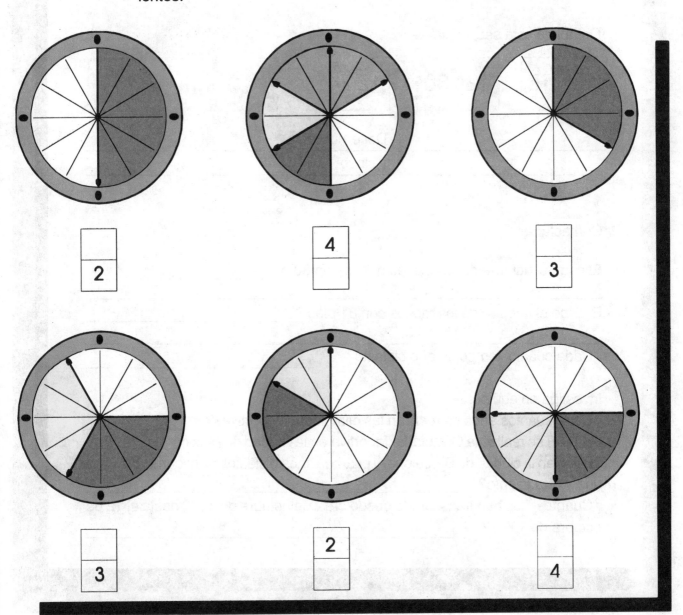

55

Observa las horas marcadas en los relojes, identifica la secuencia y dibuja las manecillas según corresponda:

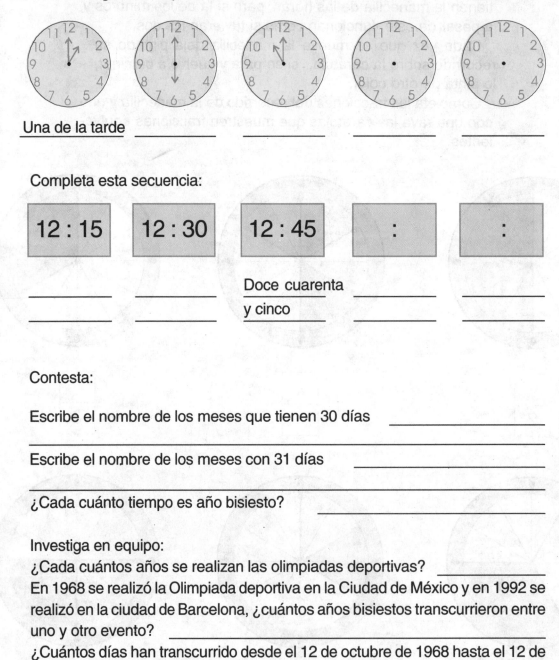

Una de la tarde _____

Completa esta secuencia:

12 : 15	12 : 30	12 : 45	:	:
_____	_____	Doce cuarenta y cinco	_____	_____

Contesta:

Escribe el nombre de los meses que tienen 30 días _____

_____

Escribe el nombre de los meses con 31 días _____

_____

¿Cada cuánto tiempo es año bisiesto? _____

Investiga en equipo:

¿Cada cuántos años se realizan las olimpiadas deportivas? _____

En 1968 se realizó la Olimpiada deportiva en la Ciudad de México y en 1992 se realizó en la ciudad de Barcelona, ¿cuántos años bisiestos transcurrieron entre uno y otro evento? _____

¿Cuántos días han transcurrido desde el 12 de octubre de 1968 hasta el 12 de octubre de 1992 ? _____

EL ZOOLÓGICO DE MI CIUDAD

El 5o. grado grupo B de la Escuela Jacinto Canek realizará una excursión al zoológico. Para planear la visita, su profesora, la maestra Chela, llevó para cada uno de los equipos un folleto de información turística. Estos son algunos fragmentos de la información contenida en el documento.

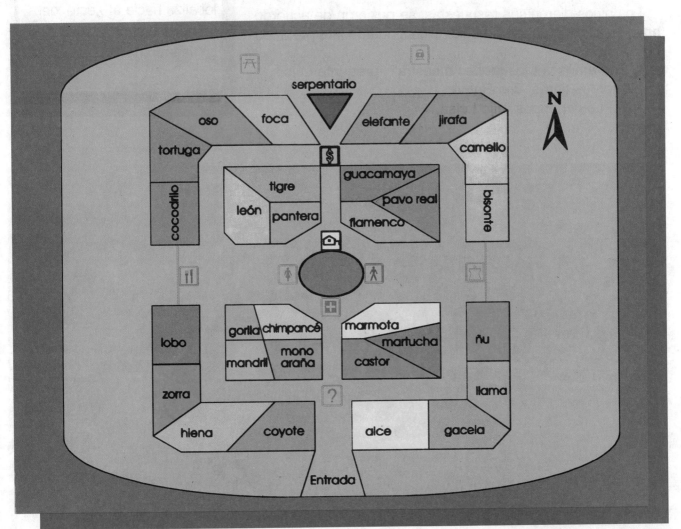

La maestra les pidió que observaran el folleto y después de algunos minutos preguntó:

-¿Qué creen que representan en el croquis estos símbolos?

Los niños dieron sus respuestas, se pusieron de acuerdo en el significado de los símbolos y continuaron interpretando el croquis.

-¿Podremos ver los leones maestra? -preguntó Luis.
-Mejor los tigres -dijo Ramón.
-¡No! Los changos -dijo Luisa.

-Está bien, trataremos de ver todo el zoológico -contestó la maestra- y no olvidemos que el propósito de la visita es investigar sobre la vida animal. Cada uno de ustedes tiene que registrar datos de dos animales. A los integrantes del equipo 1 les corresponde un animal de la zona de los felinos y otro de la zona de los monos.

-Oiga maestra, ¿por qué dos animales?

-Para que no les resulte tan laborioso hacer el registro y podamos comprobar los datos, Toña.

-Yo escojo el león y el mono araña -dijo Rosa.

-Yo el tigre y el gorila -dijo Ramón.

Esperen, es mejor organizar primero la información. Una forma gráfica de hacerlo es mediante un *diagrama de árbol*.

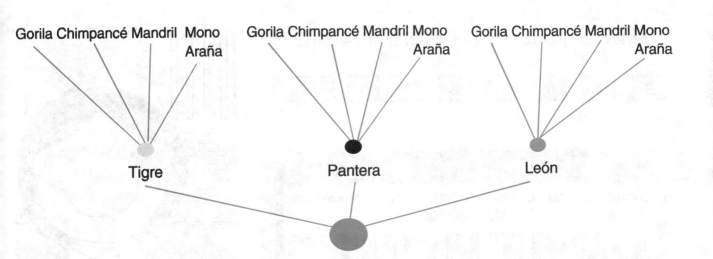

ACTIVIDADES

Si a cada uno de los integrantes del equipo 1 le tocó investigar una pareja distinta de animales, ¿de cuántos alumnos consta el equipo? Comenta la respuesta con tus compañeros.

En el diagrama anterior, ¿en cuáles y cuántas parejas aparece el tigre?

_____

¿En cuántas parejas aparece el gorila? _____

Al equipo 2 le corresponde investigar sobre un animal del pabellón de las aves y otro de la zona de los roedores. Dibuja en tu cuaderno un diagrama de árbol que ilustre todas las posibles parejas que se pueden escoger.

¿Cuántas parejas son? _____

La maestra Chela les informó a los alumnos que, por tratarse de un grupo escolar, les harían un descuento del 20% sobre la cantidad total a pagar por las entradas. Esto es: por cada $100.00 les rebajarán $20.00, por ejemplo:

Cantidad		Descuento
$ 100.00	→	$ 20.00
$ 100.00	→	$ 20.00
$ 100.00	→	$ 20.00
$ 300.00	→	$ 60.00

Observa:
En la calculadora el 20% de $300.00 se encuentra así:

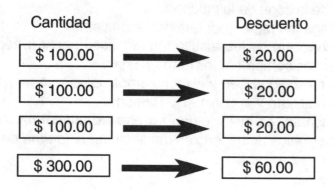

| 3 | 0 | 0 | x | 2 | 0 | % | 60. |

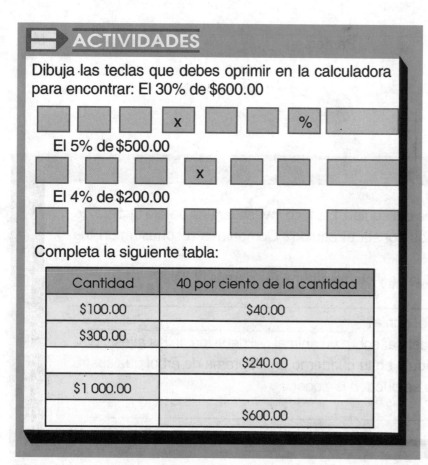

ACTIVIDADES

Dibuja las teclas que debes oprimir en la calculadora para encontrar: El 30% de $600.00

| | | | x | | | % | |

El 5% de $500.00

| | | | x | | | |

El 4% de $200.00

| | | | | | | |

Completa la siguiente tabla:

Cantidad	40 por ciento de la cantidad
$100.00	$40.00
$300.00	
	$240.00
$1 000.00	
	$600.00

Completa la tabla

Número de autobuses	Asientos
1	39
3	
5	
	273
9	

-Oiga maestra -habló Susana -¿cómo nos vamos a acomodar en el camión?

-¡Qué bueno que tocas ese punto porque el autobús sólo cuenta con 18 asientos dobles y uno triple, y la señora Domínguez, la señora Rocha y yo, vamos a ir al cuidado de todo el grupo! En total somos 48 personas.

-Pues entonces nos sentamos de dos en dos -opinó Javier.

-Oye pero así iremos algunos parados -le replicó Cuauhtli.

-Explícanos por qué -indicó la maestra.

-En 18 asientos dobles caben 36 personas porque 18 x 2 = 36, más tres personas que caben en el asiento triple, dan un total de 39 personas sentadas.

-Bueno nos sentaremos de tres en tres y así sí cabremos -opinó de nueva cuenta Javier.

ACTIVIDADES

Para resolver los siguientes problemas busca en la lectura los datos que necesites.

1. ¿Cuántos alumnos hay en el grupo de la maestra Chela? _____

2. Si en ese grupo hay 5 niñas más que niños, ¿cuántas niñas y cuántos niños son? _____

3. Si en el asiento triple se acomodaron 4 niños, las dos señoras se sentaron juntas y la maestra con Susana, ¿cuántos asientos iban ocupados por tres alumnos? _____

4. Si todas las personas que van en el camión se sientan de tres en tres ¿cuántos asientos dobles quedan desocupados? _____

-Oye Juan, ¿podrá con todos este camión? porque ya está muy viejito y vamos muchos.

-No te preocupes, este camión puede llevar hasta dos mil quinientos *kilos* -intervino el chofer-.Y el peso que completamos ustedes, la comida que llevan y yo, es alrededor de 1 930 *kilos*.

-¿Cómo lo sabe señor?- preguntó Marcos.

-Tomé como base que ustedes los alumnos pesan más o menos 1 620 *kilos* y la comida 50.

ACTIVIDADES

Si la maestra y las dos acompañantes pesan aproximadamente lo mismo y el chofer pesa 80 kilogramos, ¿cuál es el peso aproximado de la maestra? _____

Para resolver los siguientes problemas trabaja en equipo. Decidan si sobra, falta o está completa la información. Escriban sobre las líneas la información que falta o que sobra.

1. Esta es la investigación de un niño:

Las tortugas son animales que pertenecen al grupo de los reptiles. _____

Tienen un caparazón que las protege. _____

Pueden vivir en ríos, mares y en la tierra.

¿Cuánto tiempo vive una tortuga gigante? _____

2. En la zona de roedores hay 3 jaulas. En la primera hay 4 castores, en la segunda 7 marmotas y la tercera tiene 2 animales más que la primera jaula. ¿Cuántos animales hay en la tercera jaula? _____

Para el almuerzo las señoras llevaron tortas gigantes de jamón, de queso amarillo y de pollo, agua de jamaica y de tamarindo y de postre sandía y naranjas.

-Yo quiero una torta de pollo, agua de jamaica y sandía; para Juanita una de jamón, naranja y agua de jamaica -dijo Josefina.

-A mí me da por favor una de jamón y agua de tamarindo y fruta la que sea -pidió Antonio.

Completa el diagrama de árbol con esa información.

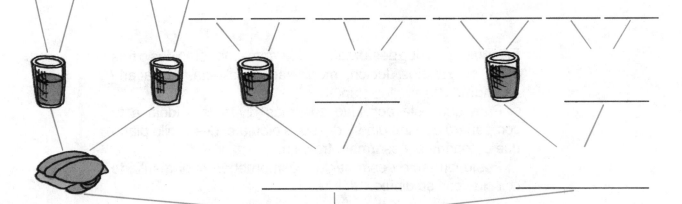

-La visita fue todo un éxito -comentó la profesora a los padres de familia que estaban en espera de sus hijos y se despidió de ellos.

63

IMAGINA Y CONSTRUYE UNA MAQUETA

En equipos de dos desarmen de diferentes maneras dos o tres cajas de zapatos, loción, medicinas o galletas. Al hacerlo obtendrán desarrollos planos

Para que esta actividad sea más divertida, pídele a tu compañero que imagine y después dibuje el desarrollo plano que obtendría al desarmar otra caja.

Posteriormente desármenla y comprueben si el resultado coincide con su dibujo.

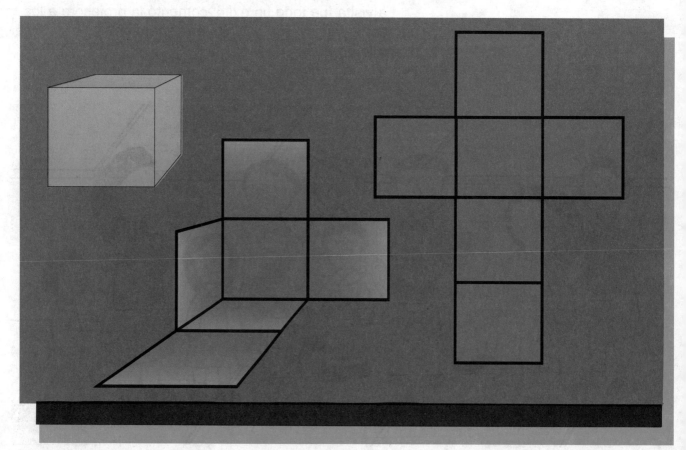

Observa y completa los pasos a seguir para obtener los desarrollos planos de los siguientes cuerpos geométricos:

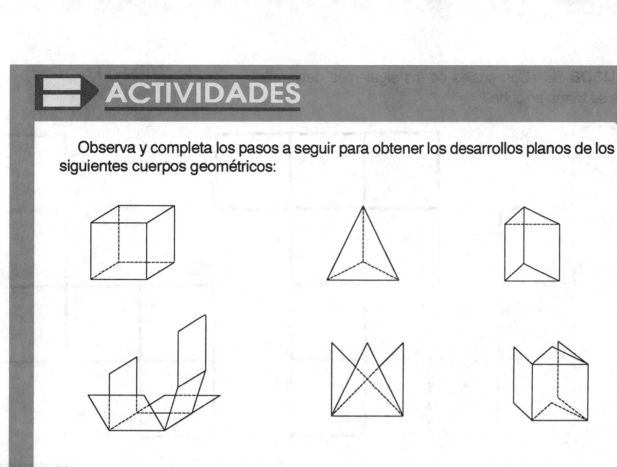

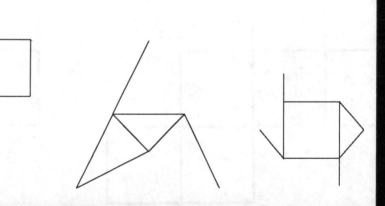

Vamos a hacer una maqueta en donde las casas, las escuelas, los hospitales y otras construcciones estén representados por cubos, prismas y cilindros.

Pero antes de comenzar tu maqueta, tendrás que pasar tres pruebas. Para que logres tener éxito en estos retos observa muy bien los siguientes desarrollos planos, imagina con cuáles puedes armar los cuerpos que se te piden. Copia los desarrollos planos en una hoja, recórtalos y comprueba si en realidad se pueden armar de acuerdo a tu elección.

Prueba 1. ¿Con cuáles de los siguientes desarrollos planos se forma un cubo?

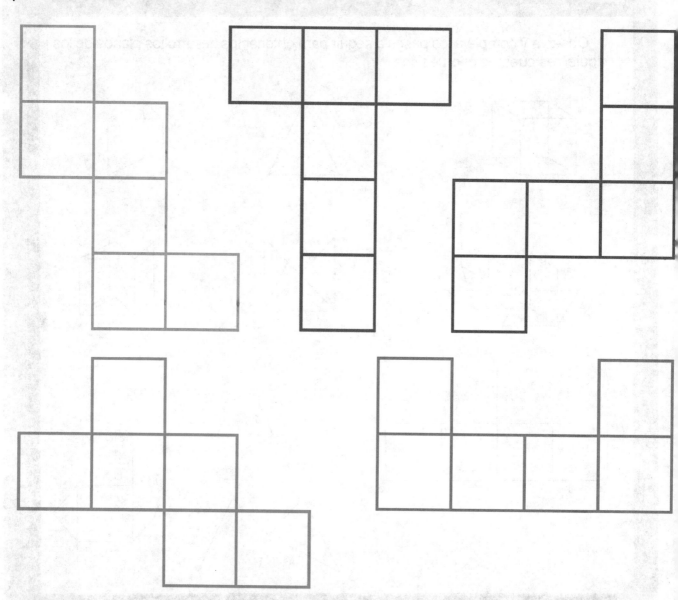

ACTIVIDADES

Construye cubos de 10 cm de arista con cada uno de los desarrollos planos que los forman. Usa escuadras graduadas y recuerda dibujarles pestañas a los desarrollos para poder armarlos. Formen equipos de cinco niños. Usen sus cubos y acomódenlos como se muestra en la ilustración.

¿Cuántos cubos hay en cada caso? _____ _____ _____

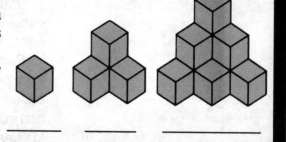

ACTIVIDADES

Este es un cubo colocado en diferentes posiciones
¿Cuál es el número opuesto al número 2? _____
¿Cuál es el número opuesto al número 3? _____
¿Cuál es el número opuesto al número 5? _____

Las caras de este cubo han sido numeradas de la siguiente
manera. Encuentra el valor de las otras caras:
a. Las caras opuestas suman 11.
b. La suma de las tres caras ocultas es 15.

La ilustración A es una figura; la ilustración B
es la representación de un cuerpo.
¿En qué se parecen?
_____

¿En qué son diferentes?
_____

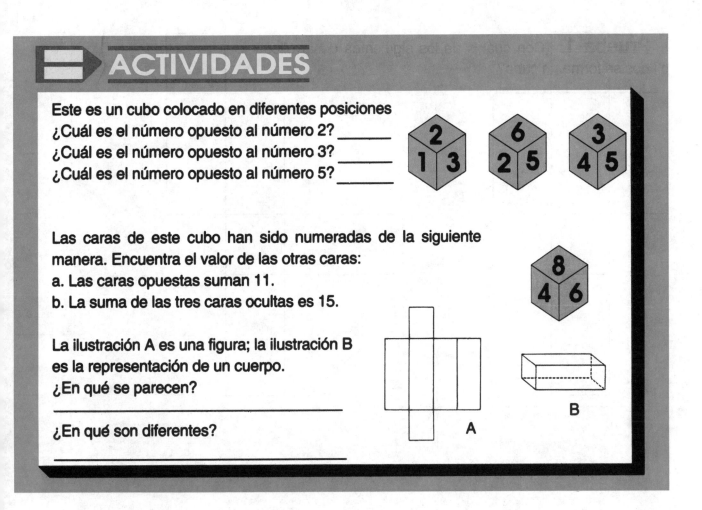

A

B

Prueba 2. ¿Con cuáles de los siguientes desarrollos planos se forma un prisma?

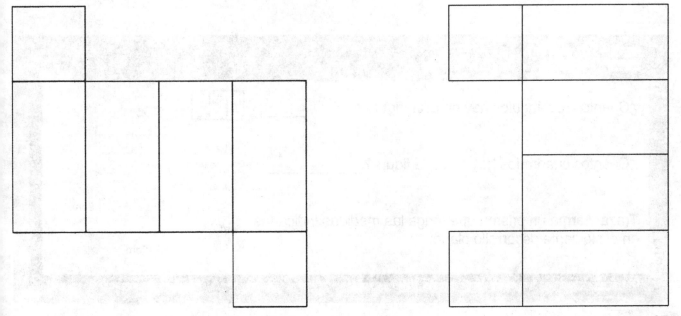

67

ACTIVIDADES

¿Cuántos rectángulos hay en esta figura? _____

¿Cuántos cuadrados hay en cada figura?_____

Traza y arma un prisma que tenga las medidas indicadas en el siguiente desarrollo plano:

12cm
8cm
8cm
8cm 12cm

Prueba 3. ¿Con cuál de los siguientes desarrollos planos se formaría un cilindro?

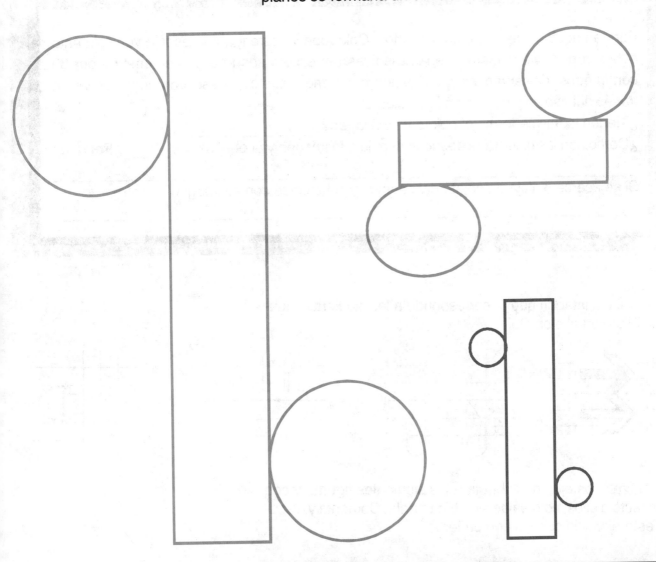

ACTIVIDADES

Colorea las figuras que representan cilindros.

Ahora, con los desarrollos planos adecuados que hayas seleccionado, arma cubos y prismas. En el caso de los cilindros puedes obtener otros de diferentes tamaños cambiando el ancho del rectángulo correspondiente. Ilumínalos, fórralos, dibújales puertas, ventanas, etcétera, y construye tu propia maqueta.

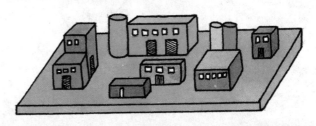

Formen equipos de tres o cuatro niños. Coloquen y sostengan un espejo verticalmente sobre el piso. Se sugiere que las medidas del espejo sean de 30 centímetros por 30 centímetros. Observen y experimenten con varios objetos, describan cómo se ven a través del espejo y contesten lo siguiente:

¿Tienen la misma forma el objeto y su imagen? _____

¿Cómo son las distancias desde el espejo a la imagen y al objeto? _____ ¿Por qué?

_____

Si se acerca o aleja un objeto del espejo, ¿qué sucede con su imagen?

_____

Dibuja la imagen que le corresponde a las siguientes figuras. Fíjate en el ejemplo.

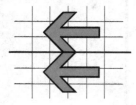
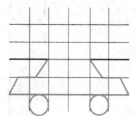
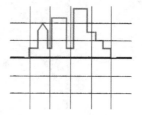
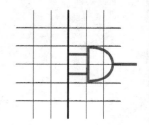

Trázale los ejes de simetría a las siguientes figuras y con respecto a ellos, coloréalas simétricamente. Comenta y discute este ejercicio con tus compañeros.

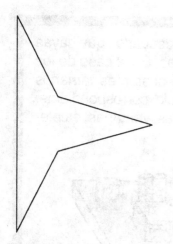
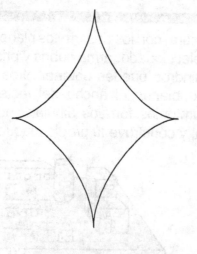
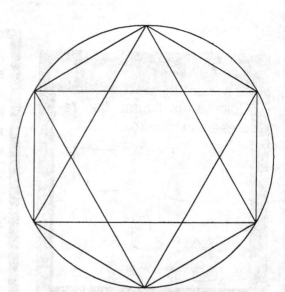

Esta ilustración muestra una parte de la maqueta construida por algunos alumnos de quinto grado.
Complétala y coloréala simétricamente.

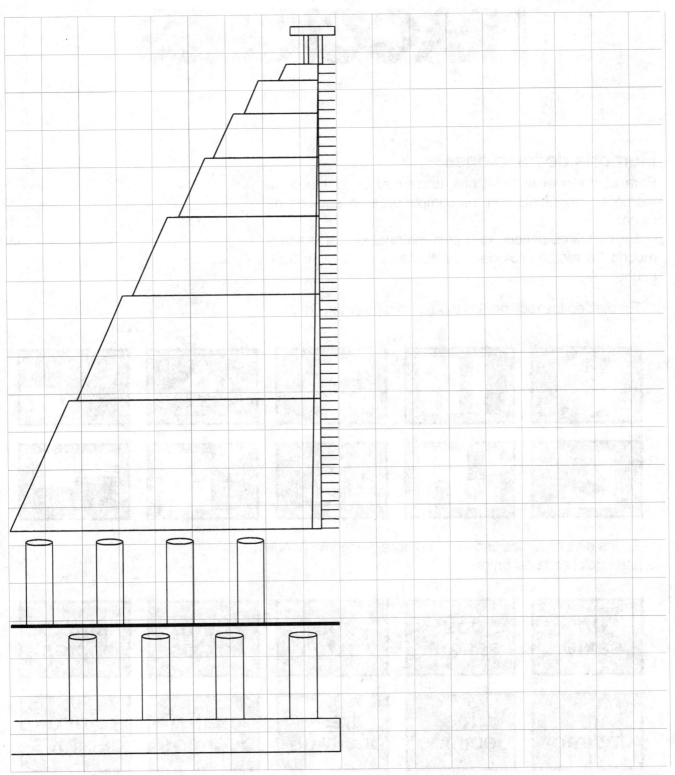

EXPERIENCIAS CON FRACCIONES

Memoria de fracciones.

Para elaborar el material que usaremos en el juego de memoria, organízate con tus compañeros en equipos de cinco.

En cartulina, cartoncillo u otro material similar, traza y recorta 20 rectángulos de 6 centímetros de largo y 5 de ancho.

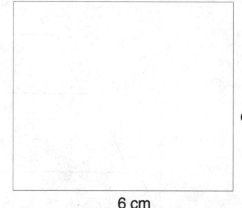

5 cm

6 cm

En diez de los rectángulos dibuja las siguientes figuras:

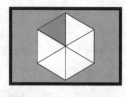 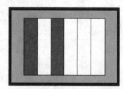 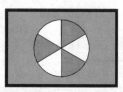 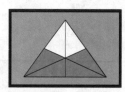 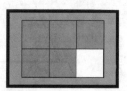

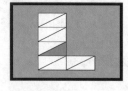 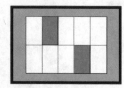 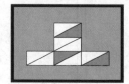 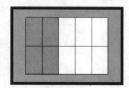 

En los diez restantes escribe el nombre que corresponde a la parte coloreada del entero.

un sexto	dos sextos	tres sextos	cuatro sextos	cinco sextos
un décimo	dos décimos	tres décimos	cuatro décimos	cinco décimos

Instrucciones.

1. Una vez revueltas las 20 tarjetas se colocan boca abajo en una mesa.
2. Uno de los 5 jugadores toma dos tarjetas y las muestra.
3. Si corresponden nombre y figura, el jugador se queda con ellas.
4. En caso contrario se voltean y se colocan en el mismo lugar y se cede el turno al siguiente jugador.
5. El ganador es aquel que logre, de esta manera, reunir más parejas de tarjetas

Enseguida te mostramos 20 tarjetas más.

Coloréalas de acuerdo al nombre que aparece abajo de ellas. Fíjate en el ejemplo.

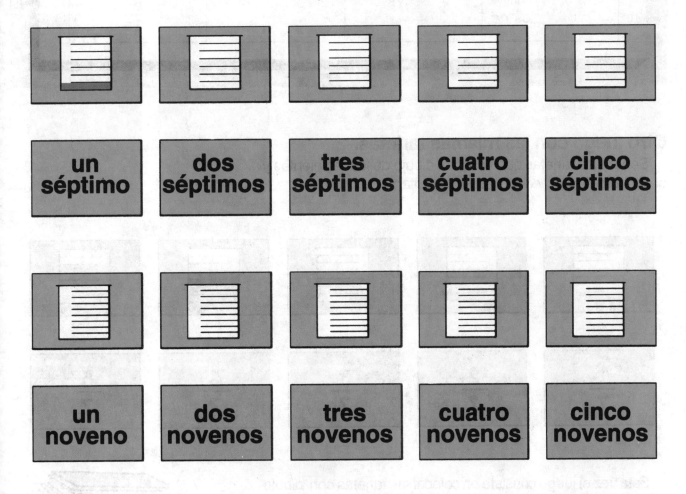

Construyelas al tamaño indicado, agrégalas a las tarjetas anteriores y sigue jugando de la misma forma.

ACTIVIDADES

Completa y colorea las figuras de la tabla.

Figura geométrica	Colección	Palabra	Símbolo
		un cuarto	$\dfrac{1}{4}$
		dos tercios	
			$\dfrac{4}{6}$
		tres quintos	
			$\dfrac{5}{7}$

Otro juego con las mismas tarjetas.

Separa las tarjetas que tienen el dibujo de los recipientes y
el símbolo de la fracción que representan.

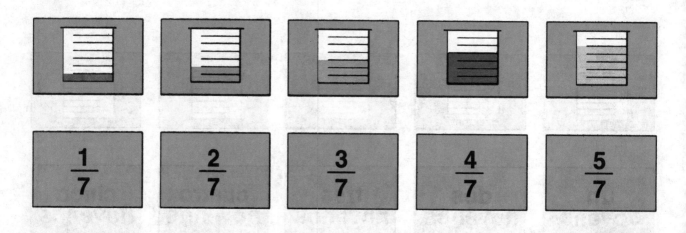

$$\frac{1}{7} \qquad \frac{2}{7} \qquad \frac{3}{7} \qquad \frac{4}{7} \qquad \frac{5}{7}$$

Esta vez el juego consiste en colocar las tarjetas con dibujo
de recipientes una encima de otra. Acomoda de la misma
manera las tarjetas con símbolos.

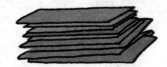

74

Instrucciones:

De entrada cada jugador tiene 10 puntos.

1. Uno de los jugadores toma dos tarjetas con dibujos de recipientes y las muestra.

Por ejemplo:

2. Los otros jugadores en cada turno, toman una del montón de las tarjetas de fracciones.

3. Si la fracción de la tarjeta tomada corresponde a uno de los dibujos, el jugador obtiene un punto. Si la fracción de la tarjeta corresponde a la suma de las partes que indica cada figura, el jugador obtiene dos puntos.

4. En caso contrario el jugador pierde un punto.

5. Las tarjetas se regresan al montón, se revuelven y se juega nuevamente.

6. Gana el jugador que después de cinco rondas tenga más puntos.

ACTIVIDADES

Observa las dos tarjetas, contesta y completa.

Si vaciamos el contenido del primer recipiente en el segundo:

¿Se derramaría el líquido? _____

¿Por qué? _____

La fracción $\boxed{-}$ representa el contenido del primer recipiente, mientras que $\boxed{-}$ nos indica la parte de contenido del segundo recipiente.

¿Habrá en el juego de memoria una tarjeta que tenga la suma de las fracciones anteriores?

Escribe la fracción que debe tener esa tarjeta $\boxed{-}$

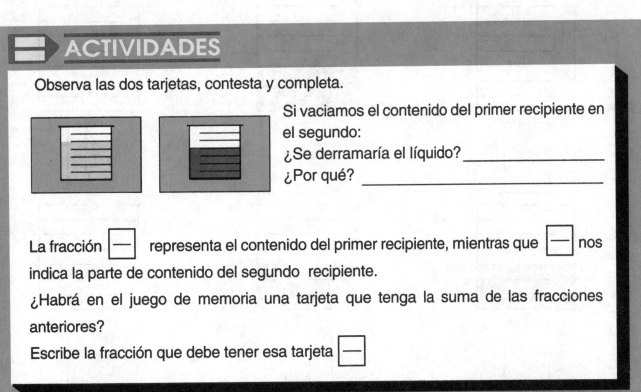

Colorea y escribe la fracción correspondiente al contenido
de cada uno de los siguientes recipientes.

$$\frac{3}{7} \quad + \quad \frac{2}{7} \quad = \quad \phantom{\frac{1}{7}}$$

$$\frac{5}{7} \quad + \quad \phantom{\frac{1}{7}} \quad = \quad \frac{7}{7}$$

$$\phantom{\frac{1}{7}} \quad + \quad \phantom{\frac{1}{7}} \quad = \quad \frac{4}{7}$$

$$\phantom{\frac{1}{7}} \quad + \quad \phantom{\frac{1}{7}} \quad = \quad \phantom{\frac{1}{7}}$$

Fracciones con dobleces de papel.

Toma una hoja de papel, dóblala a la mitad ... y nuevamente por la mitad.

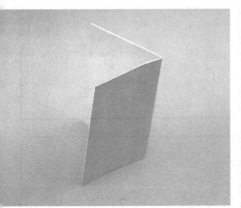 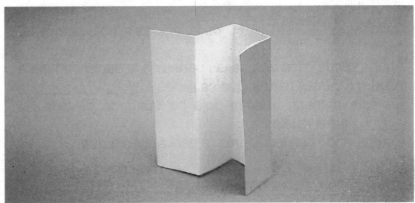

Lo que tienes es la hoja dividida en cuartos.
Observa también que al tomar dos de esos cuartos:

| $\frac{1}{4}$ | $\frac{1}{4}$ | $\frac{1}{4}$ | $\frac{1}{4}$ | $\frac{1}{2}$ | $\frac{1}{4}$ | $\frac{1}{4}$ |

Lo que tienes es la mitad de la hoja o $\frac{1}{2}$ de la misma. Compruébalo. Es decir que dos cuartos de la hoja es la mitad de la hoja o un medio de la misma.

Dicho más simple: $\frac{2}{4} = \frac{1}{2}$ A estas fracciones se les llama fracciones equivalentes

Un cuarto + un cuarto es un _____

$\frac{1}{4} + \frac{1}{4} = \frac{1}{2}$ pues $\frac{1}{4} + \frac{1}{4} = \frac{\square}{4}$

Esto es posible sólo si los dos cuartos pertenecen a la misma hoja.

ACTIVIDADES

Busca cuatro formas distintas de doblar una hoja en cuatro partes iguales.
Compara los resultados con tus compañeros

Sugerencia: usa cuatro hojas tamaño carta.

Las figuras de la derecha representan hojas de papel. Divídelas en tres partes iguales. Te sugerimos usar una regla graduada.

Cada parte es $\boxed{\dfrac{}{}}$ de la hoja de papel.

Así que $\dfrac{1}{3} + \dfrac{1}{3} + \dfrac{1}{3}$ de la hoja es la hoja completa.

Ahora, divide cada una de las partes de la segunda hoja a la mitad. ¿Cuántas partes iguales tienes? _____

De esta manera, nuestra hoja ha quedado dividida en _____ partes iguales.

Comparando las dos figuras te darás cuenta que:

$$\dfrac{1}{6} + \dfrac{1}{6} = \dfrac{1}{3} \quad \text{pues} \quad \dfrac{1}{6} + \dfrac{1}{6} = \dfrac{\boxed{}}{6}$$

también es cierto que $\dfrac{1}{6} + \dfrac{1}{6} + \dfrac{1}{6} = \dfrac{\boxed{}}{6}$

también $\qquad \dfrac{1}{3} + \dfrac{1}{3} + \dfrac{1}{3} = \boxed{}$

ACTIVIDADES

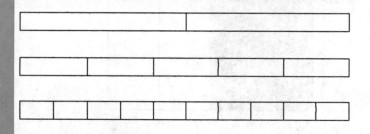

De una hoja tamaño carta, obtén tres tiras del mismo tamaño.

Usa la regla graduada y divídelas: la primera en 2 partes iguales, la segunda en 5 partes iguales y la tercera en 10 partes iguales.

Utiliza tus tiras para completar las siguientes fracciones equivalentes:

$$\dfrac{2}{5} = \dfrac{}{10} \qquad\qquad \dfrac{}{2} = \dfrac{5}{10} \qquad\qquad \dfrac{}{10} = \dfrac{3}{}$$

$$\dfrac{}{2} = \dfrac{}{5} \qquad\qquad \dfrac{2}{} = \dfrac{}{5} \qquad\qquad \dfrac{2}{} = \dfrac{10}{}$$

Ilumina del total de trompos la parte que se indica en cada caso.

La mitad

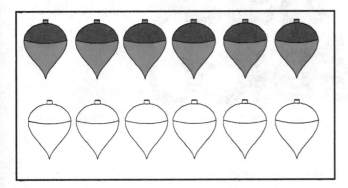

La tercera parte

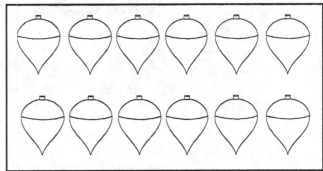

La cuarta parte

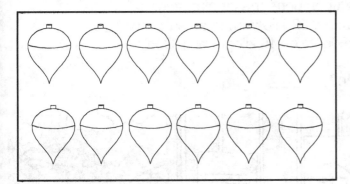

La sexta parte

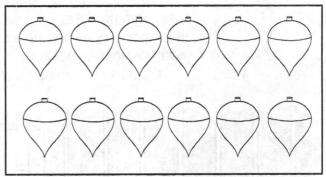

Describe con dibujos dos maneras diferentes para repartir en pedazos iguales dos gelatinas del mismo tamaño entre tres niños.

UNA VISITA AL MÉDICO

Rubén asistió con su mamá al centro de salud...

- Su hijo está pasado de peso -dijo el doctor.
- ¿Con cuántos kilogramos, doctor?
- De acuerdo a su edad, Rubén debe pesar alrededor de 30 kilogramos. Para ser exactos, 32 kilogramos es su peso ideal, por lo que tiene un excedente de 18 kilogramos. Con la estatura no hay problema.

¿Cuál es el peso de Rubén?_____

La mamá de Rubén también aprovechó la consulta. Ella midió 163 centímetros y pesó 53 kilogramos.

El médico le proporcionó a la mamá de Rubén una tabla donde aparece la edad, el peso en kilogramos y la talla en centímetros de niños y jóvenes de ambos sexos.

MUJERES			HOMBRES		
EDAD	PESO	TALLA	EDAD	PESO	TALLA
6 - 8	23	121	6 - 8	23	121
8 - 10	28	131	8 - 10	28	131
10	32	136	10	32	135
11	37	143	11	35	140
12	44	149	12	40	146
13	49	154	13	45	152
14	53	157	14	51	160
15	55	158	15	58	166
16	56	159	16	63	170

Fuente: Instituto de Salud del Estado de México (ISEM). Cantidades adecuadas por los autores

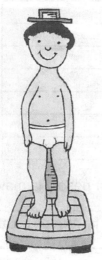

El doctor les comentó que en el caso de las personas adultas, el peso ideal se determina con base en la estatura, por ejemplo: si una persona adulta mide 172 centímetros o sea 1.72 metros, su peso ideal es de 72 kilogramos.

> Observa que 172 centímetros es igual a 1.72 metros. Esta última cantidad es un número decimal.

De acuerdo a las tablas proporcionadas por el médico

¿Cuál es la estatura de Rubén? _____

¿Cuál es su edad ? _____

¿A qué edad las mujeres son más altas que los hombres?

_____

¿A qué edad los hombres tienen más peso que las mujeres?

_____

La mamá de Rubén ¿está excedida de peso o le falta?_____

¿Cuántos kilogramos? _____

Con los datos que se conocen acerca de la mamá de Rubén,

¿podrías calcular su edad? _____

¿por qué? _____

Se sabe que la mamá de Rubén tuvo el primero de sus 4 hijos a la edad de 22 años, que Rubén es su segundo hijo y que la diferencia de edades entre cada uno es de 2 años.

¿Cuáles son las edades de los otros hermanos de Rubén ?

_____

¿Cuál es la edad de la mamá de Rubén?

_____

ACTIVIDADES

Realiza una encuesta a 7 personas.

Pregúntale a cada una su edad, nombre, peso y estatura y registra los resultados en la tabla.

Nombre	Edad	Peso	Estatura	Peso faltante o exedente para tener el peso ideal

De las 7 personas encuestadas, la de mayor edad, ¿tiene el mayor peso y la mayor estatura?_____ ¿por qué?_____

¿La persona de menor edad es la que tiene el menor peso y la menor estatura?_____ ¿por qué? _____

Compara y comenta las respuestas con tus compañeros.

Representa los resultados obtenidos en tu investigación mediante gráficas de barras.

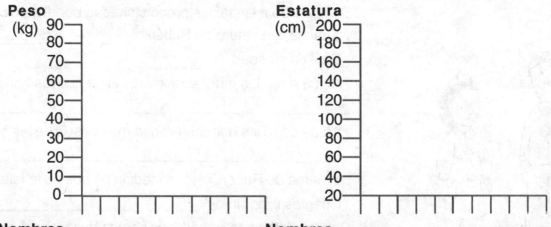

El médico le dijo a la mamá de Rubén que tener el peso ideal reduce muchos riesgos en la salud.

Comer de más es tan malo como comer de menos, de ahí la necesidad de saber balancear la dieta alimenticia; además, es conveniente hacer ejercicio y eliminar de la dieta diaria alimentos con alto contenido en grasas.

ACTIVIDADES

Cuando se realiza alguna de las siguientes acciones durante un minuto, el gasto aproximado de energía es de:

Ejercicios gimnásticos.

Bailar o andar en bicicleta.

Jugar futbol o *palear* arena.

Cortar madera con el hacha o subir corriendo un cerro.

3 Calorías

6 Calorías

8 Calorías

20 Calorías

Si Rubén quisiera gastar aproximadamente 35 calorías en 4 minutos, ¿qué acciones debe realizar? _____
Compara tu respuesta con la de tus compañeros.

Si Rubén corta madera durante 8 minutos, ¿cuántas calorías gastó? _____

Si de su casa a la cancha de futbol, Rubén hizo 8 minutos en su bicicleta y enseguida inició el partido ¿qué tiempo jugó si sabes que gastó 208 calorías en total? _____

Rubén dejó sorprendido al médico con un juego que permite adivinar el peso y la estatura.

Participa con ellos y contesta lo que piensa el médico. Después realiza esta misma actividad con tus compañeros.

·Piensa en el número de kilogramos que pesas.
·Multiplícalo por dos.
·A tu resultado súmale 5.
·Multiplícalo por 500.
·Súmale tu estatura en centímetros.
·Réstale 3 758.
·Súmale 1 258.
·¿Cuál es el resultado?

Tu peso es de 75 kilogramos y tu estatura de 172 centímetros

75
75 x 2
☐ + 5
☐ x 500
☐ + 172
☐ - 3758
☐ + 1258

75172

◳ ACTIVIDADES

Si una persona nació el 20 de abril de 1954, ¿Cuál es su edad ? _____

¿En qué año nació una persona que el primer día de este año completó exactamente 276 meses? _____

Una persona tiene peso ideal, su estatura es de 1.80 metros y el número de años es la mitad de su peso en kilogramos. ¿Cuál es su edad? _____

En el año 2 000 una persona alcanza la mayoría de edad. ¿Cuántos años tiene actualmente? _____

Antes de terminar la consulta el médico le reiteró a la mamá de Rubén que éste debería consumir una dieta alimenticia con menos grasas y menos azúcares.

...Al día siguiente, en la escuela, Rubén se acercó a su maestro y le comentó que tenía curiosidad de saber por qué 172 cm es igual a 1.72 m y por qué algunos alimentos tienen nutrientes expresados como 1.6 gramos o 1.5 gramos.

El profesor comentó en el grupo, que hay convenciones que se usan en matemáticas para expresar algunos números.

Por ejemplo, las tallas que aparecen en la tabla del médico en su consultorio, están expresadas en centímetros, pero esto también lo podemos escribir en metros y centímetros.

Así 172 centímetros se puede expresar como 1 metro y 72 centímetros.

Observa esta tabla y completa la información proporcionada por el maestro.

Talla en centímetros	Talla en metros y centímetros
135 centímetros	1 metro 35 centímetros
175 centímetros	1 metro 75 centímetros
182 centímetros	
185 centímetros	
	1 metro 90 centímetros

Como ustedes pueden observar -dijo el profesor- en todos los resultados de la segunda columna de la tabla tenemos 1 metro y *una parte de metro* representada por centímetros. Otra manera de representar esta columna es por medio de números decimales. Por ejemplo: 1 metro 35 centímetros se expresa como 1.35 m.

ACTIVIDADES

Completa la siguiente tabla:

Talla en cm	Talla en m y cm	Talla en números decimales
115 cm	1 m 15 cm	1.15 m
140 cm	1 m 40 cm	1.40 m
150 cm	1 m 50 cm	
	1 m 63 cm	1.63 m
187 cm		
	1 m 90 cm	

-¿Esto quiere decir -preguntó Rubén al maestro- que cuando se tenga 0.6 m debemos interpretarlo como 6 cm?

-¡No! -contestó el maestro- observen bien. En la tabla anterior no encontrarán ningun número que se pueda expresar de la forma que comenta Rubén.

Para tener una idea más clara acerca de estos números decimales -comentó el maestro -es necesario saber cómo se leen y cómo se escriben. También es muy importante saber cuál es su significado.

-¿Cómo se leen y escriben? -preguntó Joel al maestro.

-Para leer y escribir los siguientes números decimales observen la tabla -dijo el profesor.

> ¿Qué crees que significa 0.6 m?
>
> Coméntalo con tus compañeros.

Entero	Décimo	Centésimo	Milésimo	Se escribe	Se lee
0	6			0.6	Cero enteros seis décimos
2	1	3	5	2.135	Dos enteros ciento treinta y cinco milésimos
15	7	4		15.74	Quince enteros setenta y cuatro centésimos

-Maestro -dijo Jorge, ¿los números después del punto representan partes de un entero?

-Efectivamente, son partes de un entero -dijo el profesor- y al punto se le llama punto decimal.Además se pueden representar de otra manera.

-¿De qué manera? - insistió Joel.

-Estas partes pueden ser representadas por medio de fracciones con denominador: 10, 100, ó 1 000.

-¡Ah, ya entiendo! -dijo Rubén –entonces 0.6 significa 6 décimos de metro, esto es, $\dfrac{6}{10}$.

8 cm equivale a decir 8 centésimas partes del metro, esto es, $\dfrac{8}{100}$.

Observa esta tabla:

Número decimal	Fracción decimal
0.1	$\dfrac{1}{10}$
0.01	$\dfrac{1}{100}$
0.001	$\dfrac{1}{1\,000}$

Completa la siguiente tabla:

Número decimal	Fracción decimal	Lectura
0.67	$\frac{67}{100}$	sesenta y siete centésimos
0.03		
0.5	$\frac{5}{10}$	cinco décimos
0.132		
	$\frac{7}{10}$	
		doce milésimos
0.35		
		veinticuatro centésimos
	$\frac{3}{1\,000}$	

ACTIVIDADES

El dinamómetro.

Formen equipos de 3 niños para realizar un sencillo experimento, que consiste en medir el alargamiento de una liga de acuerdo con el peso que se le aplica.

Con los siguientes materiales, construye un dinamómetro semejante al que se ilustra.

Material: Tabla de 40 cm de largo, clavo, ligas, vaso de plástico o una lata, regla graduada y objetos que pesen lo mismo como canicas o monedas. Utiliza tu balanza para encontrar el peso del número de objetos indicados en la primera columna de la tabla.

Coloca uno de los objetos en el vaso (canicas o monedas) para que la liga quede tensa. Marca sobre la tabla hasta donde llega la base del vaso; ésta será la longitud inicial.

Agrega en el vaso del dinamómetro los objetos de uno en uno. En cada caso, mide con tu regla graduada el alargamiento a partir de la longitud inicial y regístrala en el siguiente cuadro.

Si aumentas el número de objetos, ¿qué le ocurre a la liga?

_____

Si colocas en el vaso del dinamómetro 20 objetos, ¿cuál será el alargamiento aproximado de la liga?

Núm. de objetos en el vaso	Peso de los objetos en gramos	Alargamiento en centímetros
2		
3		
6		
9		
10		
15		
20		

NUMERACIÓN ROMANA

Observa que en la siguiente ilustración están contenidos símbolos como éstos: II, VI, X, XIV y XVIII:

V. LOS GRANDES HECHOS POLÍTICOS DEL SIGLO XVI.

Hemos visto que en el siglo XVI los reyes llegaron a ser muy poderosos. Seguramente nadie lo fue tanto en ese siglo como Carlos V. Era nieto de los Reyes Católicos de España, Isabel y Fernando, y de Maximiliano I, emperador del Sacro Imperio Romano Germánico.

En 1516 heredó el reino de España (ahí fue llamado Carlos I), el reino de Nápoles y Sicilia, que era español desde el siglo XV, los estados de Flandes y los Países Bajos, y después, en 1519, consiguió ser electo emperador, en sustitución de su abuelo.

INVESTIGA.
En qué otras situaciones se utilizan este tipo de símbolos.

Noviembre-Diciembre de 1990

Cineteca Nacional

La cultura romana utilizó para su sistema de numeración siete letras:

I V X L C D M

a las que les asignó el valor:

I - 1	V - 5
X - 10	L - 50
C - 100	D - 500
M - 1 000	

De acuerdo con la información de la página anterior, símbolos como I, II, V, X, IX y XII se utilizan en algunos relojes para:

_____

en las enciclopedias para:

_____

en el índice de un libro para:

_____

y en el contenido de un texto se usan para:

_____

Estas letras representan números romanos.

Escribe los números romanos que aparecen en el fragmento de la lectura *Los grandes hechos políticos del siglo XVI.*

_____   _____   _____   _____

Cada letra representa un valor, así:

I — 1
V — 5
X — 10

¿Cómo escribirías los primeros quince números romanos?

_____

_____

Observa las fotografías del reloj y de la enciclopedia. El símbolo que representa al cuatro es_____ y al nueve_____
El símbolo XIV representa al número_____
y XIX representa _____.

Observa las ilustraciones de la página anterior . ¿Hasta cuántas veces se puede repetir el símbolo I? _____

LXX ANIVERSARIO

De acuerdo con el valor asignado a los símbolos I, V, X, L, C, D y M, completa la información contenida en los siguientes cuadros.

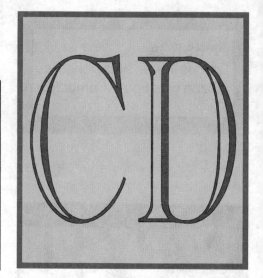

Cuadro I		
I --	II -- 2	-- 3
-- 10	XX --	-- 30
C --	-- 200	-- 300
-- 1000	MM --	MMM --

¿Qué observas en estos números romanos?_____

Cuadro II			
VI -- 6	CI --	CV --	CL --
-- 1 500	XI --	-- 501	-- 505
MC --	DC --	-- 51	MI --
LV --	-- 550		

Cuadro III		
IV -- 4	-- 9	XL --
XC --	CD --	-- 900

Un símbolo romano de menor valor, a la derecha de otro de mayor valor suma su valor al primero.

Cuadro IV	
$\overline{C}$ -- 100 000	$\overline{V}$ -- 5 000
$\overline{XII}$ -- 12 000	$\overline{XXV}$ -- 25 000
$\overline{LX}$ -- 60 000	$\overline{CII}$ -- 102 000

¿Qué significa la raya arriba de un número romano?_____

El símbolo I resta su valor cuando se coloca a la izquierda de V o X.

El símbolo X resta su valor cuando está a la izquierda de L o C.

El símbolo C resta su valor cuando está a la izquierda de D o M.

Observa, dibuja las manecillas que faltan según corresponda y completa con la hora indicada.

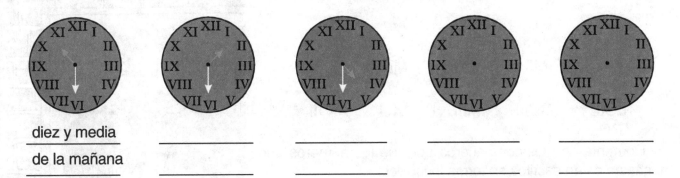

diez y media
de la mañana

En las inscripciones siguientes aparecen números en el sistema romano. ¿Cuáles son?

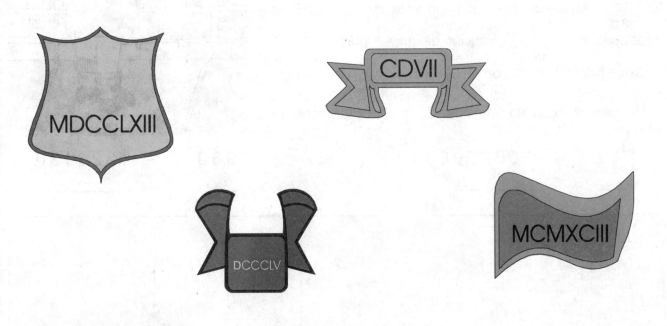

MDCCLXIII

CDVII

DCCCLV

MCMXCIII

Escribe el valor de los símbolos romanos que forman los números 1993 y 2368.

M	CM	XC	III

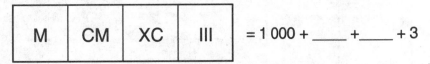 = 1 000 + _____ + _____ + 3

MM	CCC	LX	VIII

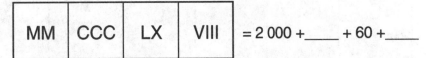 = 2 000 + _____ + 60 + _____

Tacha los números romanos que están escritos incorrectamente:

XM	LII	X̶V̶V̶	XL	IL
VC	IM	XXX	MLLII	Ī
LCII	CCIII	MIII	IXC	VIII

Comenta con tus compañeros por qué los números que tachaste están escritos en forma incorrecta.

En el párrafo siguiente escribe con números romanos los números indicados abajo de cada raya.

En Francia, Napoleón Bonaparte tomó el poder en _____.
1804

En _____ su ejército fue diezmado en la campaña de Rusia,
1812

y después, en _____ vencido definitivamente.
1815

Estos hechos ocurrieron en el siglo _____
19

Descifra el siguiente mensaje. Cada cifra representa una letra

40　　　　5082508310　　　27　　　960　　　1326130
___　　　　_____　　　__　　　___　　　_____

0 A	B	1 C	D	2 E	F	G	H	3 I
J	K	4 L	5 M	6 N	Ñ	O	P	Q
R	7 S	8 T	9 U	V	W	X	Y	Z

VASOS, SEMILLAS Y TIRAS

Para realizar las siguientes actividades integren equipos de 5 alumnos. Lean cuidadosamente las indicaciones que se dan en cada una y observen con atención las fotografías y las ilustraciones.

Material:

·6 vasos iguales de vidrio de forma cilíndrica, de preferencia con una altura mayor a 12 cm; o bien, recipientes cilíndricos transparentes, por ejemplo mangueras previamente tapadas por una de sus bocas.

·Tres tipos distintos de semillas en cantidades suficientes para llenar 2 vasos con cada una de ellas.

·Regla graduada de 30 cm y marcador.

Práctica 1

Instrucciones:
Con la regla midan la altura de cualesquiera de los vasos, sin considerar el grosor de su base ¿Cuánto mide la altura del vaso?_____

Dividan y marquen la altura de cada vaso en 2, 3, 4, 5, 6 y 10 partes iguales, como muestra la foto.

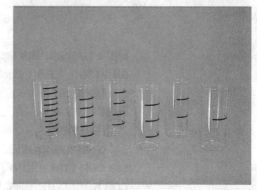

Llenen con un tipo de semilla cada uno de los vasos, hasta la primera marca.

El vaso que contiene más material es aquel cuya altura se dividió en _____ partes iguales.
El vaso que contiene menos material es aquel cuya altura se dividió en _____ partes iguales.
De acuerdo con la cantidad de material que contienen, ordena y numera de izquierda a derecha los vasos de menor a mayor. Representa la cantidad de material que contiene cada vaso en los siguientes rectángulos y completa.

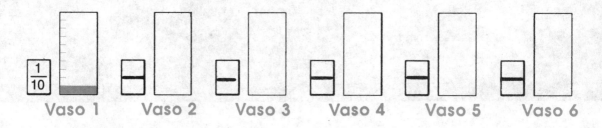

Vaso 1   Vaso 2   Vaso 3   Vaso 4   Vaso 5   Vaso 6

94

¿Cuál es el vaso que contiene menos material?____ Su altura está dividida en _____ partes iguales. El material que contiene es ☐/10 de su capacidad.

Completa la tabla.

Vaso	Partes iguales en las que se marcó la altura	Fracción que corresponde al contenido
1	10	$\dfrac{1}{10}$
2		
3		
4		
5		
6		

Vacíen el contenido de todos los vasos. Llénenlos según se requiera para contestar:

¿Qué vaso contiene más material, el que se llena hasta $\dfrac{5}{6}$ de su capacidad, o el que se llena hasta $\dfrac{7}{10}$?_____

¿Qué vaso contiene más material, el que se llena hasta $\dfrac{2}{3}$ de su capacidad, o el que se llena hasta $\dfrac{2}{4}$?_____

¿Qué vaso contiene más material, el que se llena hasta $\dfrac{3}{5}$ de su capacidad, o el que se llena hasta $\dfrac{1}{2}$?_____

De los contenidos de los vasos de $\dfrac{5}{6}$, $\dfrac{7}{10}$, $\dfrac{2}{3}$, $\dfrac{2}{4}$ y $\dfrac{3}{5}$ ¿cuál tiene el menor contenido ?_____

De todos ellos ¿cuáles tienen mayor contenido respecto al vaso que contiene $\dfrac{1}{2}$? _____

Un vaso cuya altura está marcada en 5 partes iguales, se llena con $\dfrac{5}{5}$ de semillas, ¿cuántos vasos se requieren para completar $\dfrac{13}{5}$?_____

Práctica 2
Instrucciones:
Marquen la altura de dos vasos en 6 partes iguales; otros dos en 5 partes iguales, y los dos restantes en 3 partes iguales.

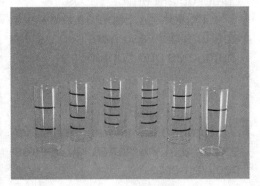

Tomen los vasos que están marcados en 6 partes. Con el mismo tipo de semilla llenen uno hasta la quinta marca y el otro hasta la tercera .

El vaso que está lleno hasta  de su capacidad es el que contiene más material que el que está lleno hasta ⬚ de su capacidad.

Llenen con un mismo tipo de semilla, uno de los vasos cuya altura se dividió en 5 partes hasta $\frac{3}{5}$. El otro vaso llénenlo hasta $\frac{2}{5}$ de su capacidad.

¿Cuál de esos vasos contiene menos semillas? El de ⬚

Un vaso contiene semillas que ocupan $\frac{2}{3}$ de su capacidad. La altura de un segundo vaso se ha marcado en 6 partes iguales. ¿Hasta qué parte debe ser llenado el segundo vaso para que contenga la misma cantidad de semillas que el primero?_____ .

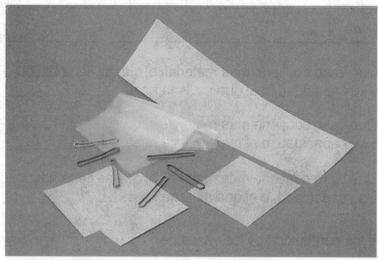

Práctica 3

Material:
El utilizado en las prácticas previas y lo siguiente:
·Plástico delgado para tapar las bocas de los vasos.
·6 ligas para sujetar el plástico que tapa las bocas de los vasos.
·1 tira de cartulina que mida 6 cm de ancho y de largo 2 cm más que la altura de los tres vasos como se muestra en la fotografía.
·3 tiras de cartulina de 6 cm de ancho y largo igual a la altura de cualesquiera de los vasos.
·Círculos de papel iguales a la abertura del vaso para separar los materiales que contendrán.

Instrucciones:
Marquen las alturas de tres vasos en 3, 4 y 6 partes iguales respectivamente.

En forma alternada llenen con cada tipo de semilla la parte indicada en las marcas de los vasos, cuidando en poner un separador entre cada tipo de semilla.

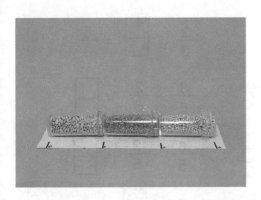

Llenen los tres vasos restantes con el mismo tipo de semilla y tápenlos todos como se muestra en la fotografía.

Acuesten sobre la mesa los tres vasos que no están marcados, uno a continuación del otro, y acomoden la tira larga de cartulina. Tracen sobre la tira de cartulina cada una de las separaciones entre un vaso y el siguiente. En la orilla del primer vaso coloquen un 0 y los números 1, 2 y 3 en la base de cada vaso.

Háganlo como se muestra en la fotografía.

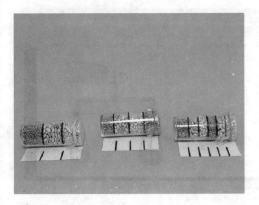

A cada uno de los vasos que están divididos en 3, 4 y 6 partes iguales, acomódenles las tiras cortas como se hizo en la actividad anterior, marcando sobre ellas las separaciones entre los tipos de semilla contenidos en cada vaso, según se muestra en la fotografía. Coloquen sobre la tira los números

$$\frac{1}{3}, \frac{2}{3} ; \frac{1}{4}, \frac{2}{4}, \frac{3}{4} ; \frac{1}{6}, \frac{2}{6}, \frac{3}{6}, \frac{4}{6} \text{ y } \frac{5}{6}$$

Coloquen las tiras cortas de manera que su inicio coincida con la marca del cero de la tira larga, como se ilustra a la derecha. Señalen sobre la tira larga las marcas que aparecen en las tiras cortas.

Enseguida, coloquen las tiras cortas haciendo coincidir su inicio con el número 1 de la tira larga y repitan el proceso anterior.

¿Con qué fracciones coincide el 1 de la tira larga?

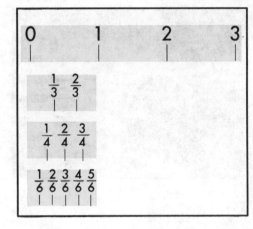

En las tiras cortas que fueron marcadas en 3, 4 y 6 partes iguales, ¿qué fracciones coinciden?_____

En la siguiente ilustración se muestra la tira larga. Escribe las fracciones faltantes abajo de las marcas de la tira que se muestra.

Las fracciones que aparecen enseguida representan la parte del vaso que se ha llenado con semillas. Utiliza las tiras de cartulina que consideres convenientes para obtener la fracción que corresponda.

$$\frac{1}{2} + \boxed{} = 1 \qquad \frac{3}{4} - \boxed{} = \frac{1}{2} \qquad \frac{8}{10} - \boxed{} = \frac{2}{10}$$

$$\frac{2}{3} + \boxed{} = \frac{5}{3}$$

$$\frac{8}{6} + \frac{2}{6} = \boxed{}$$

$$\frac{6}{5} - \frac{2}{5} = \boxed{}$$

$$\frac{2}{3} - \boxed{} = \frac{2}{3}$$

ACTIVIDADES

Con la balanza que construiste en la lección Competencia Deportiva, comprueba que la cantidad de semilla que corresponde a $\frac{1}{2}$ se equilibre con la que corresponde a $\frac{2}{4}$.

¿Qué otros contenidos de diversos vasos, expresados en fracciones, equilibran la balanza?_____

EL PUESTO DE JUGOS

Son cerca de las siete de la mañana cuando un autobús llega a la pequeña terminal.

    -Tienen 15 minutos -dice el chofer.

    Cuatro jóvenes se dirigen presurosos al puesto de jugos, que está próximo a la taquilla.

-¡Señor! ¿Nos vende 2 jugos con huevo y 2 sin huevo? -dijo uno de ellos.

El güero, como lo llamaban los choferes, lavó y partió varias naranjas para hacer los jugos, y mitad a mitad las fue exprimiendo hasta completar los vasos que le habían pedido.

Ilustración 1

▭▶ ACTIVIDADES

Observa las ilustraciones y contesta:

¿Cuántas naranjas están partidas en la ilustración 1?

_____

¿Cuántas naranjas están partidas en la ilustración 2?

_____

Observa y completa la siguiente secuencia:

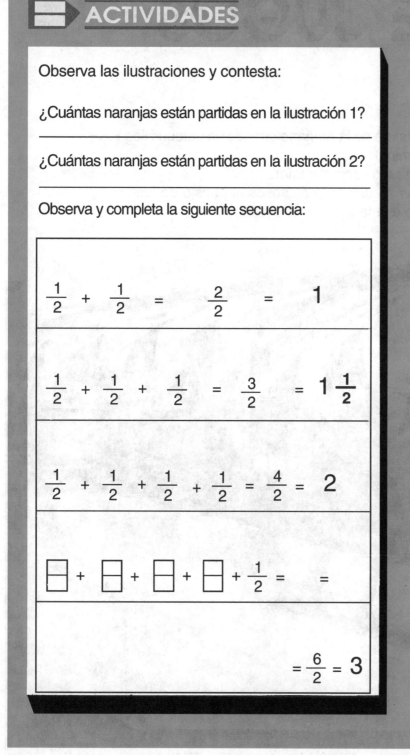

$$\frac{1}{2} + \frac{1}{2} = \frac{2}{2} = 1$$

$$\frac{1}{2} + \frac{1}{2} + \frac{1}{2} = \frac{3}{2} = 1\frac{1}{2}$$

$$\frac{1}{2} + \frac{1}{2} + \frac{1}{2} + \frac{1}{2} = \frac{4}{2} = 2$$

$$\square + \square + \square + \square + \frac{1}{2} = \quad =$$

$$= \frac{6}{2} = 3$$

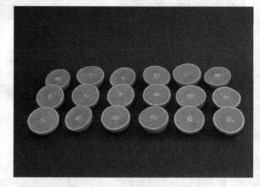

Ilustración 2

100

Observa las fotografías de la derecha, completa la tabla y comenta las respuestas con tus compañeros.

Vasos de jugo	Naranjas que se requieren
	$1\dfrac{1}{2}$
$\dfrac{3}{4}$	
	3
$2\dfrac{1}{2}$	
	$8\dfrac{1}{4}$
3	
$3\dfrac{1}{2}$	

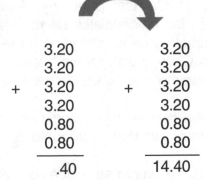

$$+\begin{array}{r} 3.20 \\ 3.20 \\ 3.20 \\ 3.20 \end{array}\Big] \text{cuatro jugos}$$

$$\begin{array}{r} 0.80 \\ 0.80 \end{array}\Big] \text{dos huevos}$$

$$+\begin{array}{r} 3.20 \\ 3.20 \\ 3.20 \\ 3.20 \\ 0.80 \\ 0.80 \\ \hline .40 \end{array} \qquad +\begin{array}{r} 3.20 \\ 3.20 \\ 3.20 \\ 3.20 \\ 0.80 \\ 0.80 \\ \hline 14.40 \end{array}$$

Los muchachos se tomaron el jugo y pidieron la cuenta.
-¿Cuánto debemos señor?

El güero tomó un lápiz y en un pedazo de papel estraza anotó, en pesos, el precio de lo que habían consumido.

-Son catorce pesos con cuarenta centavos -dijo. Y uno de los jóvenes le pagó con un billete de $ 50.00

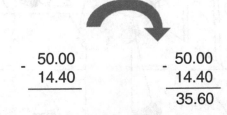

$$-\begin{array}{r} 50.00 \\ 14.40 \\ \hline \end{array} \qquad -\begin{array}{r} 50.00 \\ 14.40 \\ \hline 35.60 \end{array}$$

Analiza y discute en clase la forma en que se realizó la suma y la resta con decimales.

Realiza las siguientes operaciones:

$$
\begin{array}{r}
44.26 \\
+\ 25.39 \\
\underline{36.62} \\
\end{array}
\qquad
\begin{array}{r}
132.58 \\
+\ \boxed{\quad.\quad} \\
259.64 \\
\underline{478.56} \\
1\ 186.82 \\
\end{array}
\qquad
\begin{array}{r}
205.04 \\
-\ 139.02 \\
\end{array}
\qquad
\begin{array}{r}
2\ 759.21 \\
-\ \boxed{\quad.\quad} \\
\hline
1\ 650.19 \\
\end{array}
\qquad
\begin{array}{r}
746.\boxed{\ } \\
+\ 509.26 \\
\hline
\boxed{\ }\ .\ 04 \\
\end{array}
\qquad
\begin{array}{r}
241.08 \\
+\ \boxed{\quad.\quad} \\
304.50 \\
\underline{263.75} \\
970.22 \\
\end{array}
$$

Comenta los resultados con tus compañeros.

Usa la calculadora para resolver las siguientes operaciones.

$2.5 + 137.94 + 0.29 = $ _____

$410.03 + 2.006 + 0.4 = $ _____

$652.09 - 29.17 = $ _____

$2\ 800.03 - 1.19 = $_____

$4.75 + 25.07 - 10.02 = $ _____

$74.02 - 23.419 + 0.6 = $ _____

TAQUILLA
22

El autobús dejó la terminal cinco minutos después de lo anunciado por el chofer.

El güero, por su parte, preparó un vaso de jugo y se lo llevó a María, la muchacha que vende los boletos.

-Te traigo tu jugo y aprovecho para comprarte 2 boletos a la ciudad de Oaxaca; para hoy. Aquí están las credenciales de mi hija Elizabeth y de su amiga, la profesora Chuy, para que les hagas el descuento que se da en vacaciones.

-Así que su hija estudia en la Normal, ¿verdad? -preguntó María.

-Sí, ya pronto se recibe -dijo el señor.

TAQUILLA 18

**ESTUDIANTES 50% DE DESCUENTO
PROFESORES 25% DE DESCUENTO
SÓLO CON CREDENCIAL**

-A su hija le corresponde el 50% de descuento y a la profesora sólo el 25% -le comentó María.

-Entonces, ¿cuánto te tengo que pagar?

-Bueno, el precio del boleto es de $ 116.00, lo que significa que usted tiene que pagar $ 145.00 por los dos boletos.

-Oye María, ¿estás segura que tu cuenta está bien? Lo que me estás cobrando es menos de un boleto y medio.

-Claro, observe:

> EL 50 % de $116.00 equivale a la *mitad* $116.00 o sea $ 58.00 y el 25 % de $116.00 equivale a la *cuarta parte* de $116.00 o sea $ 29.00.

-Esto quiere decir que su descuento es de $ 87.00 y la cantidad a pagar es la que ya le dije.

El dueño del puesto de jugos pagó y recibió $ 55.00 de cambio. Luego regresó a atender su negocio.

En ese momento se acercó a la taquilla una persona.

-Me vende un boleto a la ciudad de Oaxaca. Por favor con descuento -y extendió su credencial.

-Discúlpeme, pero sólo nos autorizan vender con descuento la *décima parte*, es decir el 10%, de los 40 lugares que tiene el autobús y acabo de vender los dos últimos pasajes -contestó María.

La persona compró sus boletos sin descuento y se puso a esperar la salida del autobús.

Por otro lado...

ACTIVIDADES

Para resolver estos problemas te sugerimos buscar los datos en la narración.

Si el autobús en el que viajaban los 4 jóvenes salió a las 7:10 de la mañana, ¿a qué hora llegó a la terminal?_____

¿Con cuántos billetes pagó el güero los boletos que compró? _____

¿De qué denominación eran? $ _____

¿Cuántos pasajeros del autobús que va a la ciudad de Oaxaca obtuvieron descuento? _____

El puesto de jugos se mantiene gracias a la buena administración del dueño. Los ingresos del negocio se distribuyen de la siguiente manera:

Gastos mensuales

Del puesto	50%	$1 575.00
De la familia	+ 25%	+ $ 787.50
De los estudios de su hija	10%	$ 315.00
	85%	$2 677.50

Ahorro mensual

Ingresos	100%	$ 3 150.00
Egresos	- 85%	- $ 2 677.50
	15%	$ 472.50

Calcula el 50%, el 25% y el 10% de las cantidades de la siguiente tabla.

Cantidad	50% de la cantidad	25% de la cantidad	10% de la cantidad
$ 1 276.00			
$ 1 044.00			
	$ 406.00		
		$ 145.00	
			$ 34.80

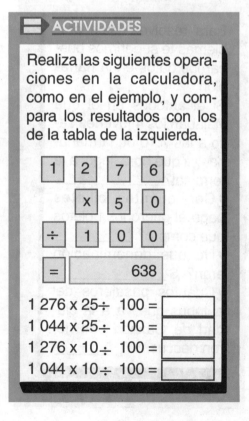

ACTIVIDADES

Realiza las siguientes operaciones en la calculadora, como en el ejemplo, y compara los resultados con los de la tabla de la izquierda.

1	2	7	6
	x	5	0
÷	1	0	0
=			638

1 276 x 25 ÷ 100 = ☐
1 044 x 25 ÷ 100 = ☐
1 276 x 10 ÷ 100 = ☐
1 044 x 10 ÷ 100 = ☐

Para resolver los siguientes problemas toma en cuenta las pistas:

·Sólo puedes usar el 50%, el 25% y el 10% de la cantidad dada.
·Mediante operaciones de suma y resta, combina las cantidades que te resulten.

1. Si de una ciudad a otra hay 240 kilómetros, ¿cuántos kilómetros representa el 75% de esa distancia? _____

2. El güero compra para su hija un vestido que cuesta $ 64.00 y le hacen el 35 % de descuento. ¿Cuanto paga por él? _____

3. Si una jarra con capacidad de un litro se llena con 4 vasos de jugo:
 ¿Cuántas naranjas se deben exprimir para tener el 25% de jugo en la jarra?

_____

 ¿Qué parte de la jarra llenarán aproximadamente 6 naranjas exprimidas?

_____

Litros de jugo	Tanto por ciento	Recipiente	Naranjas
4	100%		48
2			
1			
3			
$\frac{1}{2}$			

105

EL GEOPLANO

En esta lección vamos a construir un geoplano y a representar figuras en él. Para hacerlo necesitas una tabla cuadrada de 30 cm, un martillo, 25 clavos de una pulgada, ligas de colores y hojas cuadriculadas.

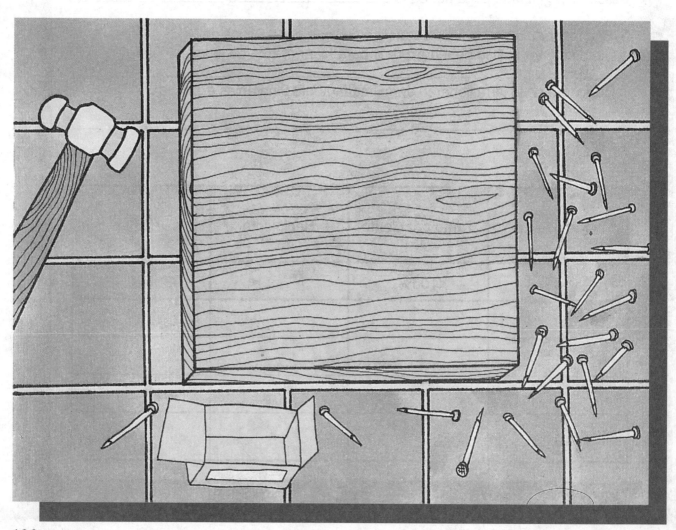

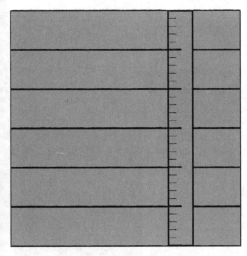

Sigue las indicaciones:

1. Usa tu regla y traza líneas horizontales cada 5 cm. Recuerda que estas líneas son paralelas. Ahora traza líneas verticales con la misma separación.
¿Son también paralelas? _____

Si líneas horizontales cortan líneas verticales, entonces son perpendiculares entre sí.

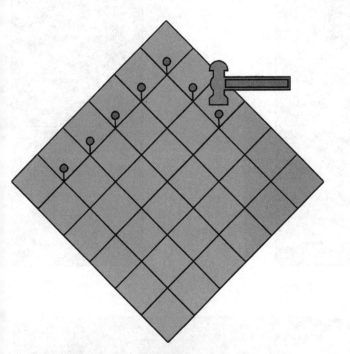

2. En el cruce de las horizontales y verticales, coloca los clavos procurando que estén bien clavados y que sobresalgan de la tabla aproximadamente un centímetro.

3. Comprueba que los clavos estén firmes.

¿Sabes para qué sirve un geoplano?

En él se pueden representar figuras empleando ligas.

Forma en el tuyo figuras como las que se muestran y luego dibújalas en hojas cuadriculadas.

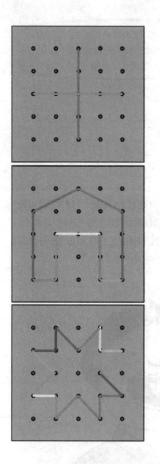 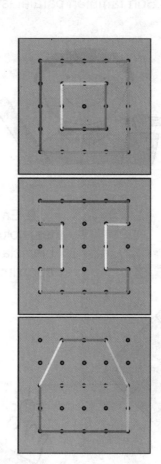 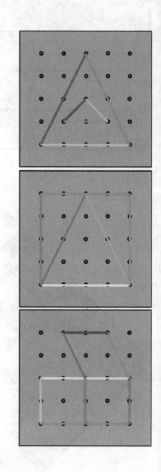

◧ ACTIVIDADES

Representa otras figuras en tu geoplano y dibújalas aquí.

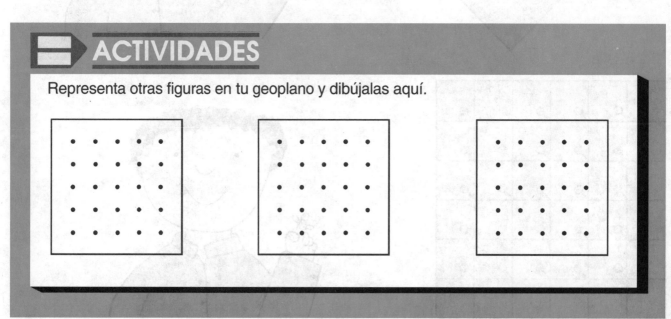

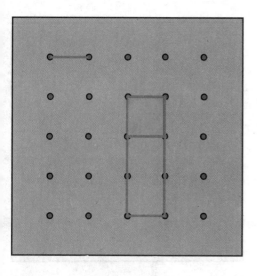

Considera la separación entre clavo y clavo como la unidad de longitud.

El perímetro de la figura de la izquierda es de 8 unidades.

Considera el cuadrito que resalta en la figura como una *unidad cuadrada*.

Para encontrar el área de esta figura se cuentan los cuadritos que tiene en su interior.

El área de esta figura es de 3 unidades cuadradas.

Representa en tu geoplano cada una de las siguientes figuras y contesta lo que se pide usando las unidades convenidas.

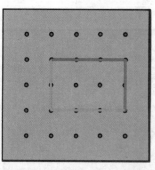

Comprueba que el perímetro de esta figura sea de 10 unidades y su área de 6 unidades cuadradas.

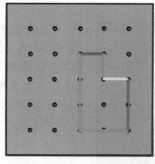

Perímetro:_____ unidades
Área:___unidades cuadradas

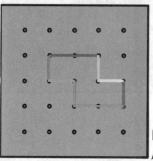

Perímetro:_____ unidades
Área:___unidades cuadradas

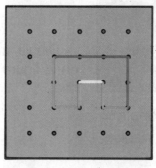

Perímetro:_____ unidades
Área:___unidades cuadradas

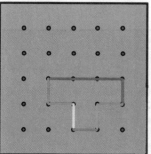

Perímetro:_____ unidades
Área:___unidades cuadradas

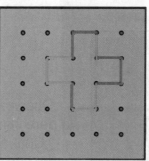

Perímetro:_____ unidades
Área:___unidades cuadradas

Construye en tu geoplano 3 figuras que tengan el mismo perímetro y calcula sus áreas.
Construye en tu geoplano 3 figuras que tengan la misma área y calcula sus perímetros.
Comenta las respuestas con tus compañeros.

Representa en tu geoplano esta casita.
¿Qué figuras geométricas identificas? _____

_____

Una de estas ligas representa un segmento.
¿Qué segmentos son paralelos? _____

_____

¿Qué segmentos son perpendiculares? _____

_____

¿Cuál es el área de la casita? _____ unidades cuadradas.
¿Cómo encontraste el área total? Coméntalo en clase.

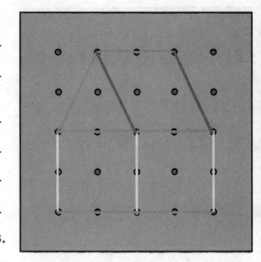

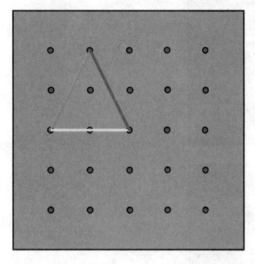

Representa en tu geoplano otros triángulos, diferentes al que aparece a la izquierda, pero que tengan la misma área.

Dibuja tres de ellos en la figura de la derecha.

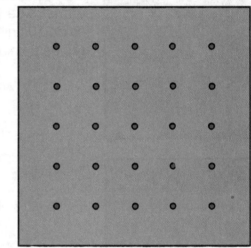

Representa en tu geoplano triángulos que tengan las siguientes áreas: $\frac{1}{2}$, 1, 1 $\frac{1}{2}$ y 2.

Cópialos en la figura de abajo.

Observa la figura de la derecha:

¿Cuál es el área de cada uno de los cuadrados? _____

Si el cuadrado tuviera 6 unidades por lado, ¿cuál sería su área?

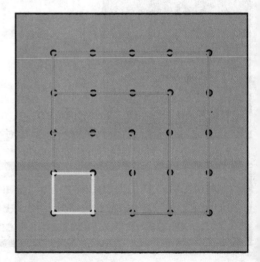

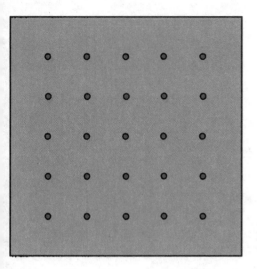

Utiliza las ligas para formar en tu geoplano un rectángulo cuya área sea de 12 unidades cuadradas.

Dibújalo en el recuadro de la izquierda.

Cuenta los cuadritos que hay en su interior.

Son _____ cuadritos.

Lo que hiciste es una forma de obtener el área del rectángulo. ¿Conoces otra? _____

Coméntalo con tus compañeros y con tu maestro.

Coloca en cada círculo el número correspondiente para indicar el orden que se debe seguir para trazar el rectángulo que hiciste en el geoplano. Hazlo en una hoja.

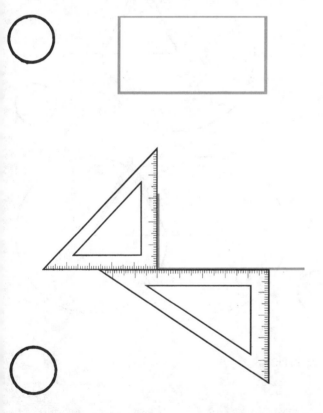

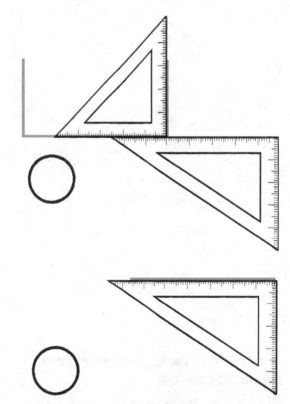

ACTIVIDADES

1. Dibuja geoplanos en tu cuaderno y traza las siguientes figuras:

   1 cuadrado   1 pentágono   1 hexágono   1 triángulo rectángulo

2. Calcula el perímetro y el área de cada figura.

   Comenta el resultado con tus compañeros.

Esta figura es un rombo. Constrúyelo en tu geoplano.

Calcula su área y comenta con tus compañeros sus estrategias de solución.

¿Tiene esta figura lados paralelos? _____

¿Cuáles son? _____

¿Tiene lados perpendiculares? _____

¿Cuáles son?_____

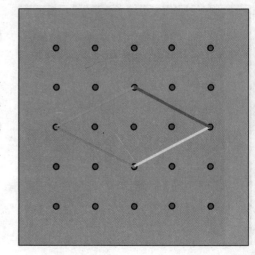

Escribe dentro del círculo el número que indique el orden que debes seguir para trazar un rombo como el del geoplano.

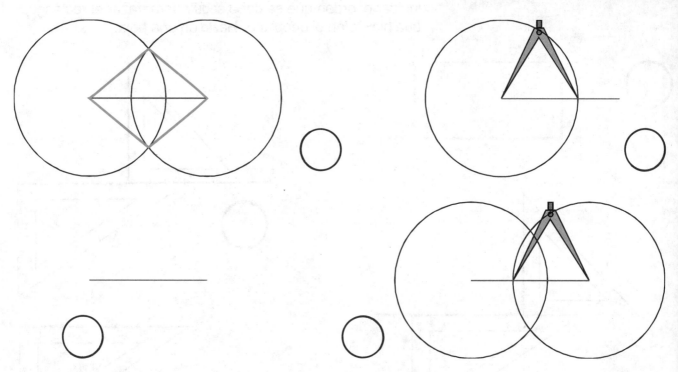

Sigue las indicaciones anteriores para trazar rombos en los segmentos dados.

112

Observa con atención tus escuadras.

Con el transportador mide sus ángulos y anota los resultados. Fíjate en la figura cómo se hizo.

Por la medida de sus ángulos, esta escuadra se conoce como la escuadra de 45 grados.

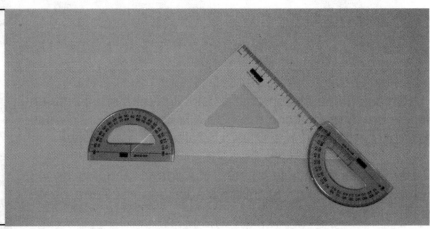

ángulo A = 45 grados

ángulo B = _____ grados

ángulo C = _____ grados

Con tu transportador mide los ángulos de la otra escuadra.

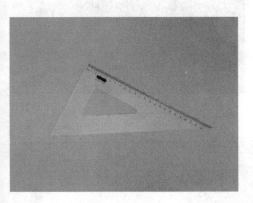

Esta escuadra es conocida como escuadra de 60 grados.

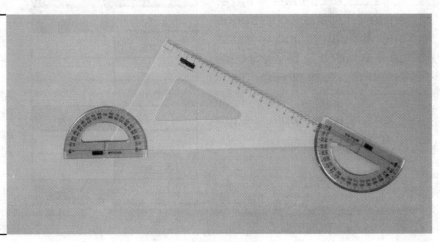

ángulo M = _____ grados

ángulo N = _____ grados

ángulo O = _____ grados

Haz en tu geoplano con dos ligas la siguiente figura:

Por la posición que tienen estas ligas, ¿cómo se llaman las líneas que representan? _____

Fíjate que se forman cuatro ángulos. Márcalos en el dibujo.

¿Con qué instrumentos puedes medirlos?

_____

¿Cuántos grados mide cada uno de estos ángulos? _____

_____

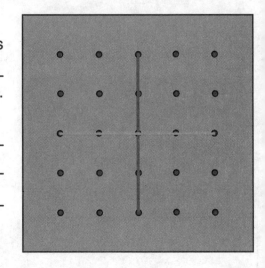

¿De qué manera acomodarías otra liga para que forme un ángulo de 45 grados con respecto a la liga roja? Hazlo en tu geoplano y dibújala en el cuadro de al lado.

Para verificar que la tercera liga forma ángulos de 45 grados puedes utilizar tu transportador o la escuadra de 45 grados. Hazlo.

¿Podrías colocar otra liga a 45 grados respecto a la liga roja?

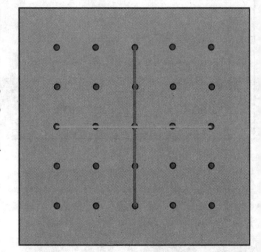

ACTIVIDADES

·Usa tus escuadras y traza, en tu cuaderno, cuadrados que tengan como medida de sus lados 3, 5, 7 y 9 centímetros, respectivamente.

·Completa la tabla según corresponda.

Cuadrados	
Lado	Área
3 cm	
5 cm	
	36 cm²
8 cm	
	81 cm²

Al aumentar el lado del cuadrado, ¿qué pasa con su área?

Al disminuir el lado del cuadrado, ¿qué pasa con su área?

COMPRAS EN EL MERCADO

-Mi mamá –dice Cristina– hace las compras del mandado los sábados de cada semana. Le gusta ir al mercado que está cerca de la escuela porque es más barato que otros. A mí me agrada ir con ella, ayudarle con las cuentas y cargar las bolsas.

-En esta semana sólo llevaba $ 35.00 y me pidió que calculara los gastos para ver si nos alcanzaba el dinero.

En el mercado, mi mamá sacó la lista de los productos que deseaba comprar y me pidió que hiciera las cuentas de lo que pagaría por todos ellos.

Ayúdale a Cristina a redondear el resultado y a calcular la cantidad real a pagar en la siguiente tabla.

Redondeo de cantidades monetarias :
$ 1.10 y $ 1.20 se redondean a $ 1.00.
Desde $ 1.30 hasta $ 1.70 se redondean a $ 1.50.
Desde $ 1.80 hasta $ 2.20 se redondean a $ 2.00.

Producto	Redondeo por kilo	Redondeo kilos	Precio por kilo	Precio real a pagar
1 kg de				
2 kg de				
1 kg de				
$\frac{1}{2}$ kg de				
2 kg de				
1 kg de				
1 kg de				
3				
Total				

De acuerdo a la tabla anterior, 4 kg de cebolla cuestan lo mismo que $\frac{1}{2}$ kg de uva. Compruébalo.

Cuando terminamos las compras, mi mamá me preguntó si sobraba dinero para comprar tortillas.

Yo le contesté que sobraban _____ porque gastamos $ _____ de los $ 35.00 que traíamos.

ACTIVIDADES

¿Cuántos kg de cebolla se pueden comprar con lo que cuesta 1 kg de uva? _____
¿Cuántos kg de zanahoria se pueden comprar con lo que cuestan 2 kg de uva? _____
Comprueba con tu calculadora los resultados de la tabla.

La casa de Cristina está en la calle Miguel Hidalgo esquina Insurgentes. Identifícala en el siguiente plano.

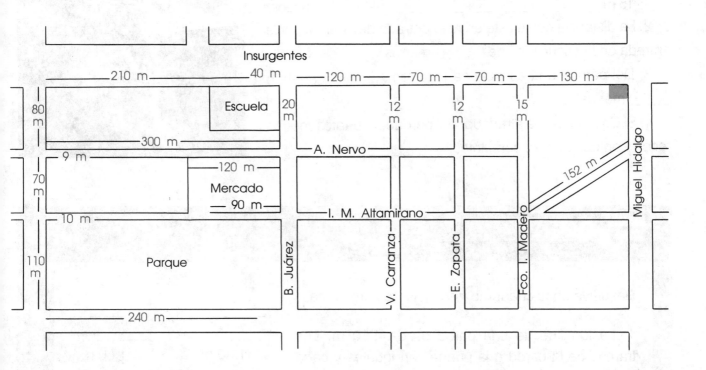

Señala en el plano algunos caminos que vayan desde la casa de Cristina hasta el mercado. Con una raya azul marca el camino más corto.

Comenta la respuesta con tus compañeros.

El número de metros que se recorren por el camino más corto de la casa de Cristina al mercado es de aproximadamente _____ .

Esta cantidad la encontramos sumando los metros que miden cada cuadra y avenida que atravesamos.

Completa:

80 m + _____ + 15 m + _____ + _____ + _____ + _____ + _____ + _____ + _____ = _____ metros.

117

1. Para ir de la casa de Cristina a la escuela puedo usar diferentes caminos. La distancia de la casa a la escuela, en uno de ellos, se puede calcular con la siguiente suma:

___+ 15 m +___+___+___+___+___+___+___+___+___=___metros

2. La distancia que existe entre la entrada del mercado y la entrada de la escuela es de _____ metros.

3. Del parque a la escuela se recorren aproximadamente _____ metros.

4. Si Cristina pasea alrededor del parque, ¿cuántos metros recorre en dos vueltas completas?_____ metros.

ACTIVIDADES

Resuelve en tu cuaderno los siguientes problemas:

1. La longitud de una pared es de 4.20 m. Los tramos de la pared a la puerta son iguales y cada uno mide 1.60 m. ¿Cuál es el ancho de la puerta?

———— 4.20 m ————
1.60 m   1.60 m

2. Dos puertas corredizas miden 3.20 m y 2.10 m. La distancia que cierran mide 4.90 m. ¿Cuál es la medida común en que se superponen las dos hojas de las puertas?

———— 4.90 m ————
                  2.10 m
3.20 m

3. Un carpintero va a unir dos tiras de madera. Una de ellas mide 48 cm. Si la longitud total de la nueva tira debe ser de 72 cm, ¿cuánto mide la segunda si se va a empalmar 12 cm con la primera?

—— 48 cm ——
        12 cm
—— 72 cm ——

4. De una manguera que mide 62 m se cortan tres trozos, uno de 14.6 m, otro de 23.4 m y uno más de 12 cm. De la manguera que sobra se corta la mitad. ¿Cuántos metros quedan de la manguera original?

LA RULETA
DE COLORES

Forma equipo con 4 niños. Con la ayuda de su maestro construyan una ruleta de colores similar a la que aparece en esta página. Se sugiere que mida 15 cm de diámetro.

Necesitan los siguientes materiales: cartón grueso o madera, un clavo, dos rondanas, pegamento, colores, una tira de madera de aproximadamente un metro de largo por cinco centímetros de ancho y juego de geometría.

A cada color de la ruleta le corresponde un número. De acuerdo con la siguiente tabla, éste se obtiene al sumar cada uno los números asignados a las vocales del nombre del color.

Vocales	a	e	i	o	u
Valor	1	2	3	4	5

Por ejemplo, al color *amarillo canario* le corresponde el 18, porque tiene:

cuatro veces la **a**: 4
dos veces la **i**: 6
dos veces la **o**: 8
total : 18

Con esta información completa los espacios vacíos en la siguiente tabla.

Colores	Número correspondiente
Amarillo canario	
Azul marino	
Guinda	
	8
Azul	
	6
Rosa	
	5
Verde	
Gris	

 ACTIVIDADES

Usa el transportador para medir cada uno de los ángulos que se forman en el centro de la ruleta.

¿Cuántos ángulos que contienen un solo color se formarán en la ruleta? _____

¿Cuánto mide cada uno de estos ángulos? _____

120

De acuerdo con el valor numérico que le corresponde a cada color, construye una gráfica de barras, ordenando los datos de menor a mayor. Usa tus escuadras y la regla graduada para dibujar las barras.

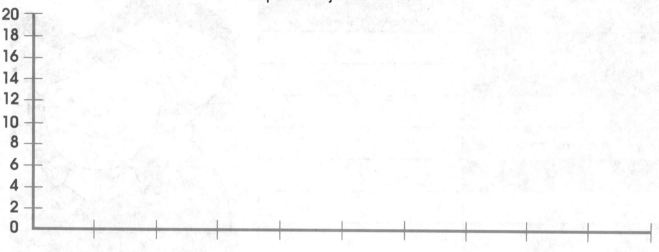

Nombre de los colores

¿Cuál es el color que tiene el mayor valor?_____
¿Qué color tiene el menor valor?_____
¿Qué colores son necesarios para obtener el mismo valor que el color guinda?_____

A jugar...

En los equipos, cada alumno registra su nombre en la siguiente tabla y gira 3 veces la ruleta.

Escribe, en los espacios de la tabla, los colores que se correspondan con la flecha fija. Si la flecha marca la división entre dos sectores se repite la jugada.

En cada equipo gana el jugador que haya sumado más puntos.

Nombre de cada alumno	Nombre de los tres colores	Suma de puntos correspondientes a los tres colores

En equipo, registren los totales correspondientes a cada color. Comenten y comparen sus resultados.

Colores	Total de veces que se obtuvo en el equipo
Rojo	
Verde	
Azul	
Amarillo canario	
Negro	
Blanco	
Rosa	
Gris	
Azul marino	
Guinda	

¿Cuántas veces giró la ruleta cada equipo? _____

Ordena de menor a mayor el total de puntos correspondientes a cada color.

Colores	Total de veces que se obtuvo en el equipo

Representa por medio de una gráfica de barras, la información anterior. Usa escuadras y regla graduada para dibujar las barras.

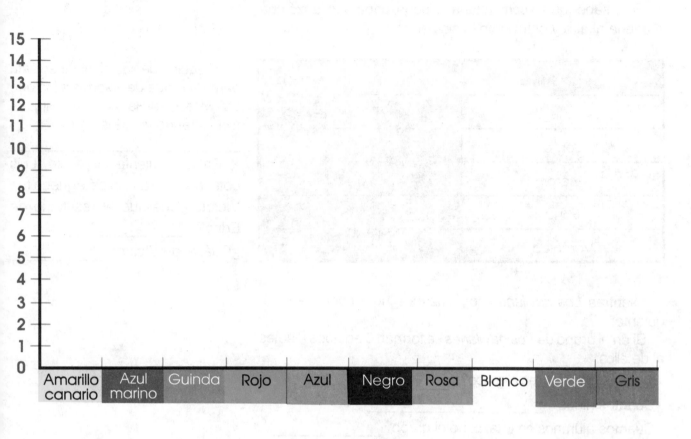

De acuerdo con esta información, comparen los resultados de cada uno de los equipos y comenten sus observaciones.

¿Qué color fue el que más se repitió en tu equipo?

_____

¿Cuál fue el color que casi nunca salió?

_____

¿Obtuvo alguien el color café? _____
¿Por qué? _____

Si en este momento giraras tu ruleta, ¿qué color crees que saldría? _____
¿Por qué? _____

Si tomas en cuenta el valor numérico de cada color, ¿qué es más fácil obtener, un valor mayor que 6 o uno menor que 6?

_____

¿Por qué? _____

_____

En la escuela primaria Insurgentes el equipo *Los gavilanes*, de quinto grado, integrado por Luis, Jorge, Víctor, Edna y Verónica juegan a la ruleta.

Para saber quién comenzaba el juego, cada uno lanzó una moneda al aire y obtuvieron lo siguiente:

Los gavilanes	Resultado de la moneda
Luis	sol
Jorge	águila
Víctor	sol
Edna	sol
Verónica	águila

El equipo decide eliminar en esta primera ronda de volados a los que obtuvieron águila. ¿Quiénes siguieron echando volados?

_____

En el siguiente disparejo, Luis obtuvo sol. El que inició el juego fue Víctor. ¿Cuál fue el resultado de Edna? _____

¿Cuál el de Víctor? _____

Mientras *Los gavilanes* comienzan a jugar contesta lo siguiente:

Si en el grupo de *Los gavilanes* se forman 6 equipos iguales al de ellos:

¿Cuántas niñas hay en el grupo? _____

¿Cuántos niños? _____

¿Cuántos alumnos en total tiene el grupo? _____

Los gavilanes, por último, se pusieron de acuerdo y decidieron que cada persona girara la ruleta 4 veces.

Completa:

1 alumno gira la ruleta 4 veces. Esto se puede decir, 1 a 4, o bien, $\dfrac{1}{4}$

2 alumnos giran la ruleta _____ veces. Esto se puede decir, 2 de 8, o bien, $\dfrac{2}{8}$

__ alumnos giran la ruleta 12 veces. Esto es, ____ a ___, o bien, $\dfrac{3}{12}$

5 alumnos giran la ruleta _____ veces. Esto es, ____ a ____, o bien, __ .

Al comenzar el juego, los resultados que obtuvo cada uno de ellos fueron los siguientes:

Víctor: azul, amarillo, gris y azul.

Edna: gris, rojo, azul marino y rosa.

De los resultados de los demás gavilanes solamente se sabe que:

124

Luis obtuvo 3, 5, 8 y 9 puntos. ¿Cuáles fueron sus colores?

_____

Verónica sumó un total de 24 puntos. ¿Qué colores obtuvo?

_____

Compara tu respuesta con las de tus compañeros.

De Jorge se sabe que obtuvo colores cuyas letras terminan en o y su suma es de 33 puntos. ¿Cuáles son esos colores?

_____

Si gana el niño que hace más puntos, ¿quién ganó?_____

...En el recreo se oyen algunos comentarios de *Los gavilanes*.

Edna comentó con Verónica:

-Víctor obtuvo dos veces el color azul en sus 4 intentos.

El obtuvo $\frac{2}{4}$, o lo que es lo mismo $\frac{1}{2}$ -dijo Verónica.

-¿Por qué son iguales $\frac{2}{4}$ y $\frac{1}{2}$? -preguntó Luis.

-Porque sí. Mira divide con tu calculadora 2 entre 4. ¿Qué te dio? _____. Ahora divide 1 entre 2. ¿Cuál es el resultado?_____. Esta es una forma de comprobar que dos fracciones son iguales -contestó Verónica.

-Con mi calculadora, puedo convertir las fracciones a números decimales -dijo Jorge.

Ayúdale a terminar estas conversiones:

$\frac{2}{4}$ = $\frac{3}{4}$ = $\frac{1}{4}$ =

$\frac{2}{5}$ = $\frac{3}{6}$ = $\frac{1}{8}$ =

Lo que no saben es que:

$\frac{2}{4}$ = 0.5, es lo mismo que $\frac{5}{10}$ -comentó Víctor a *Los gavilanes*.

¿Qué harías para saber que esto es cierto? Coméntalo con tus compañeros.

-Esto quiere decir que:

$\frac{3}{4}$ = 0.75 es lo mismo que $\frac{75}{100}$ -agregó Luis

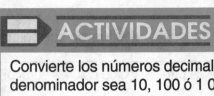
Convierte los números decimales que obtuviste para ayudar a Jorge en fracciones cuyo denominador sea 10, 100 ó 1 000.

¿Para qué y cuándo utilizamos números decimales?
Escribe algunos ejemplos.

_____

_____

Escribe el número que complete correctamente las siguientes equivalencias:

1 850 gramos = _____ kilogramos.

283 centímetros = _____ metros.

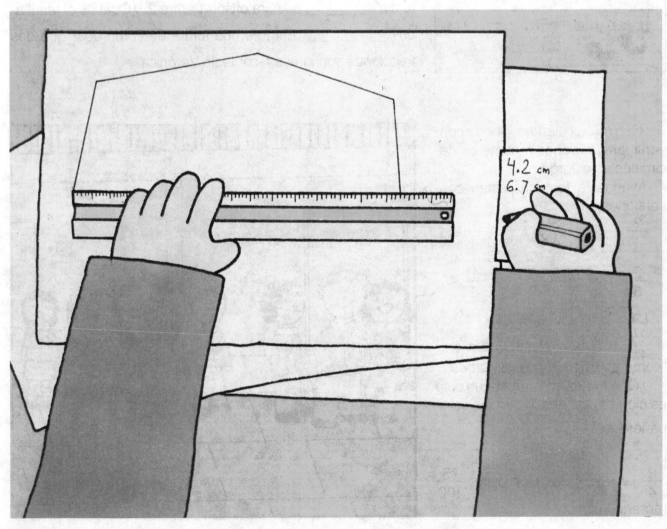

126

El periódico

EL DIARIO DE LAS MATEMÁTICAS

DIRECTOR GENERAL _____ NÚMERO: 71 987   LUNES 10 DE MAYO DE 1993

LUGAR_____ AÑO: XLVIII   TOMO LIV   PRECIO $ 1.00

EDITORIAL

El periódico es un medio que puede proporcionarte información. Por su contenido puedes saber lo que ocurre en tu comunidad, en tu país y en todo el mundo. En particular, es un medio que en sus diferentes secciones: deportiva, financiera, de pasatiempos y anuncios, entre otras, incluye información numérica variada. En los diarios, así como en las revistas, puedes encontrar contenidos matemáticos que aparecen tanto en los entretenimientos como en la información científica, económica y política, lo mismo que en registros informativos organizados en tablas y gráficas que dan cuenta del deporte y de las condiciones climatológicas, sin dejar de lado cantidades y cifras referentes al mundo de los espectáculos. Saber obtener la información es tan importante como saber interpretarla y, a partir de ella, sacar conclusiones.

Con este tipo de información se realizarán algunas actividades.

● Sala de Péndulos
Universum Museo Universitario de las Ciencias
UNAM Ciudad de México.

NOTAS CORTAS

 Viajan a más de 270 km por hora

Los ferrocarriles modernos

Hace prácticamente un siglo aparecieron por el mundo los primeros ferrocarriles y asombraron a todo el mundo.

¿Qué dirían aquellas personas al ver los veloces trenes de hoy?

Actualmente los ferrocarriles más modernos -como el tren bala japonés-, viajan a velocidades de hasta 270 km/h.

Por su parte, los franceses planean poner en servicio un tren de gran velocidad, el TGV que va a viajar de París a Lyon a una velocidad de... ¡380 km/h!

Para el siglo XXI se espera que algunos trenes lleguen a viajar a... ¡más de 450 km/h!

(Revista *Chispa*, No. 57, página 20)

 Fue inventada en 1642

Las primeras calculadoras

Una de las primeras calculadoras fue inventada en el año de 1642 por el francés Blas Pascal a la edad de 19 años. A esta máquina, con la que se podían realizar sumas y restas, se le conoce como Pascalina.

Tres décadas más tarde, el matemático alemán Leibnitz, produjo una máquina que podía efectuar multiplicaciones.

Las máquinas de calcular a las que se hace referencia no contaban con punto decimal. Esta característica se mantuvo incluso en algunas de las primeras computadoras personales. En casos como éstos, el usuario tenía que mezclar intensamente las actividades de lápiz con las de la calculadora.

(*De 6 a 10*, No. 13-14, septiembre-diciembre, 1992)

**Quedan en Guaymas
9 de 32 Cooperativas Pesqueras**

(*La Jornada*, 31-V-93, página 48)

ACTIVIDADES

De acuerdo con las notas anteriores, contesta lo siguiente:

¿En qué año aproximadamente aparecieron los primeros ferrocarriles? _____

¿Cuál sería la diferencia entre la velocidad del actual tren bala japonés y la del tren del siglo XXI? _____

¿Qué fracción del total representan las nueve cooperativas? _____

¿En qué año inventó Leibnitz su máquina de calcular? _____

Al no contar con una calculadora con punto decimal, ¿cómo realizarías esta suma: 75.2 + 3.85?

Elabora tres problemas con la información del anuncio de abajo.

Compara tus respuestas con las de tus compañeros.

FINANZAS

■ Culmina la reforma monetaria

Emisión de nueva moneda de plata

Para culminar la reforma monetaria, que entró en vigor el 1º de enero de 1993, el Banco de México pondrá en circulación a partir del 14 de junio del año en curso la moneda de 20 pesos y se calcula que serán emitidas cerca de veinte millones de ellas.

"Esta moneda es bimétalica y al igual que la de diez pesos está compuesta por un centro de plata de ley .925, con un contenido de un cuarto de onza troy de metal fino y un aro exterior de color amarillo. Tiene un diámetro de 32 mm y un peso de 16.996 g".

(Excélsior, 4-VI-1993)

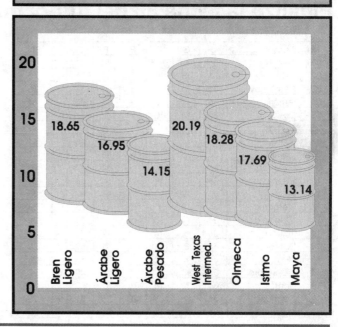

Cotizaciones Internacionales: Precios del petróleo (Dólares por barril)

- 18.65 — Bren Ligero
- 16.95 — Árabe Ligero
- 14.15 — Árabe Pesado
- 20.19 — West Texas Intermed.
- 18.28 — Olmeca
- 17.69 — Istmo
- 13.14 — Maya

Onza troy. Unidad de peso del sistema inglés de medidas, usada en la joyería para el peso de metales y piedras finas.

Tipos de cambio.   **Dólar libre:** Compra: $ 3.05   Venta: $ 3.24

(Novedades, 31-5-1993.)

◗ ACTIVIDADES

Lee con atención las notas de esta sección y contesta:
·Si se sabe que una onza troy pesa aproximadamente 32 gramos, ¿cuál es el peso aproximado del centro de plata de una moneda de $ 20.00? _____
·¿Cuál es el peso aproximado del aro exterior? _____
·Si se compra un barril de petróleo de cada tipo, ¿cuántos dólares se pagarán en total?
_____
· Entre el precio mayor y el más bajo de los barriles, ¿cuántos dólares hay de diferencia?
_____
·¿Cuál es la diferencia en precio entre el barril del itsmo y el árabe ligero? _____
·Investiga cuántos litros tiene un barril de petróleo.
·¿A cuánto equivale un dólar en pesos a la venta? _____
·¿Cuál es la diferencia entre la compra y la venta de esa moneda? _____
·¿Cuántos centavos representa esa cantidad? _____

DEPORTES

■ El Necaxa va punteando

Finalizó la fecha 36 del futbol mexicano.

No	Equipo	J	G	E	P	F	C		PTJ.
01.-	Necaxa	36	22	8	6	74	41		52
02.-	León	36	16	13	7	60	35		45
03.-	Monterrey	36	15	15	6	51	37		45
04.-	América	36	17	10	9	47	43		44
05.-	U.A.G.	36	14	15	7	40	31		43
06.-	Pumas	36	16	9	11	66	51		41
07.-	Atlante	36	14	13	10	63	48		41
08.-	Tigres	36	13	15	8	53	49		41
09.-	Cruz Azul	36	15	10	11	64	42		40
10.-	Puebla	36	14	11	11	54	56		39
11.-	Atlas	36	12	11	13	46	49		35
12.-	Veracruz	36	13	8	15	53	53		34
13.-	Guadalajara	36	11	10	15	42	51		32
14.-	Toluca	36	8	14	14	47	48		30
15.-	A. Morelia	36	8	14	14	41	57		30
16.-	U. de G.	36	8	12	16	34	53		28
17.-	Querétaro	36	10	7	19	29	49		27
18.-	Santos	36	6	14	16	31	58		26
19.-	Pachuca	36	9	7	22	36	51		25
20.-	U.A.T.	36	5	12	19	25	53		22

Al finalizar la fecha 36, los equipos se ubican como lo muestra la tabla de posiciones de la izquierda. Para su interpretación se utiliza el siguiente código:

J juegos jugados.
G juegos ganados (2 puntos).
E juegos empatados (1 punto).
P juegos perdidos (0 puntos).
F goles a favor.
C goles en contra.
PTJ puntaje.

Como se sabe, por cada partido ganado se otorgan dos puntos; por cada partido empatado se da un punto y cero puntos por cada partido perdido.

ACTIVIDADES

Observa la tabla de posiciones y contesta:
Si los equipos deben enfrentarse dos veces entre sí:
¿Cuántos partidos tendrá que jugar cada uno de los equipos? _____
¿Cuántos partidos en total se tendrán que realizar en el torneo? _____
¿Cuántos goles han sido anotados hasta la fecha? _____
En caso de que un equipo ganara todos los partidos de la temporada, ¿cuántos puntos juntaría? _____

Construye una gráfica de barras de los primeros cinco equipos que aparecen en la tabla, tomando en cuenta sólo los juegos ganados.

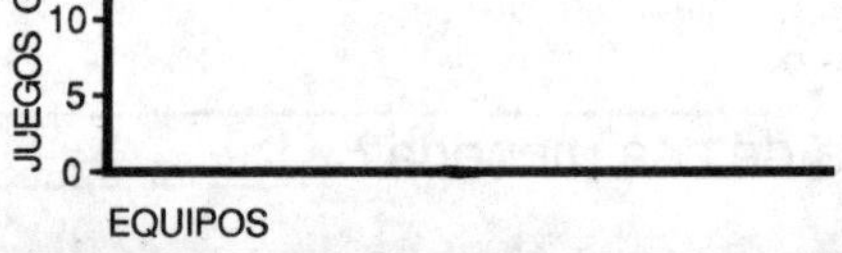

JUEGOS GANADOS
20
15
10
5
0

EQUIPOS

La siguiente tabla también debe llenarse con las reglas anteriores. Complétala.

J	G	E	P	PTJ
36	☐	13	☐	41
36	☐	☐	15	34
36	10	☐	19	27
36	6	☐	16	☐
36	☐	12	19	22

PASATIEMPOS

Un cuadro para pensar

Llena los espacios vacíos de este cuadro con los números: 0.25, 0.5, 0.75, 1, 1.25, 1.5, de manera que:
·No se repita ningún número.
·La suma de tres números en cada columna y en cada fila sea igual a los números en negro.

1.75			**3.5**
	2.25		**3.75**
		2	**4**
3.5	**3.75**	**4**	

Divertigrama

Llena los espacios vacíos de la figura de la izquierda con los números 10.8, 18, 21.6, 25.2, 28.8 y 32.4 de tal forma que en cada columna y en cada renglón la suma sea 46.8.
No se debe repetir ningún número.

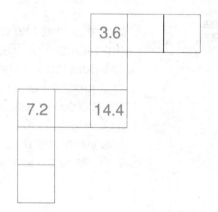

Telaraña numérica

Coloca correctamente los números 0.55, 1.1, 1.65, 2.2, 2.75, 3.3, 3.85 y 4.95 en los círculos vacíos de manera que:
·Ningún número se repita.
·Las líneas punteadas de un mismo color que unen tres círculos sumen 8.25
·La suma de los números de los círculos exteriores sea el doble de la suma de los números de los círculos interiores.

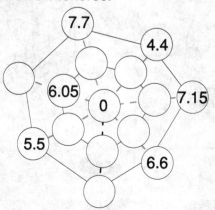

Rompiendo cabezas

Separa la figura en dos partes exactamente iguales en forma y tamaño.
Pista: guíate por las líneas de la cuadrícula.

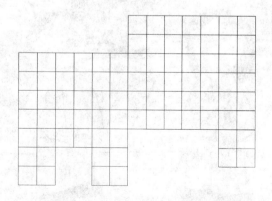

FERIA
MATEMÁTICA

Siempre que termina el año escolar, en la escuela primaria Pedro Romero de Terreros organizan una feria. En cada uno de los puestos los visitantes intentan ganar bonitos premios.

Los juegos no son como los de otras ferias: consisten en retos que se resuelven con operaciones matemáticas y cada uno cuesta $ 1.50.

Los visitantes recorren los puestos y si alguno de los juegos que allí se exponen les gusta, se quedan para intentar ganar.

Encuentra el número perdido.

Al iniciar el recorrido por la feria, llegamos al puesto "Encuentra el número perdido". Ahí, el encargado coloca unas tablas donde aparecen multiplicaciones. En ellas hacen falta números que hay que encontrar. Si se nos hace muy difícil podemos comprar pistas, pero cada una cuesta 25 ¢.

Tenemos cinco oportunidades para hallar los cuatro números.

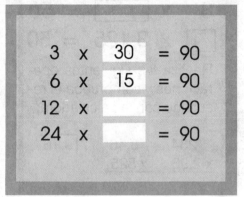

$$3 \times \boxed{30} = 90$$
$$6 \times \boxed{15} = 90$$
$$12 \times \boxed{} = 90$$
$$24 \times \boxed{} = 90$$

Adriana, una de mis compañeras, está participando en este juego. Hasta el momento ha colocado dos números, pero tiene dificultad para encontrar los dos restantes, así que solicita una pista.

-Observa los números que encontraste -le dice el encargado-. ¿Qué relación tienen entre sí?

Después de un breve tiempo, Adriana solicita otra pista.

-Como 15 es la mitad de 30, el siguiente número debe ser la mitad de 15 -dice el encargado.

-¿Cómo la mitad de 15? -piensa Adriana-. Si divido 15 entre 2 tendré:

$$2 \overline{\smash{\big)}\ 15}^{\ 7}$$
$$1$$

Pero 7 no es el número perdido, porque:
12 x 7 = ☐
Tampoco es 8, porque 12 x 8 = ☐
Así que debo continuar dividiendo.

Si tú supieras los números que faltan ¿qué pista darías? Coméntalo con tus compañeros.

...Ya sé:

$$2 \overline{\smash{\big)}\ 15.0}^{\ 7.5}$$
$$10$$
$$0$$

-Lo tengo -dijo Adriana -el número perdido es 7.5 porque:

$$
\begin{array}{r}
1\,2 \\
\times\ 7.5 \\
\hline
60 \\
84 \\
\hline
90.0
\end{array}
$$

ACTIVIDADES

Realiza en tu cuaderno las siguientes divisiones y aproxímalas a décimos:

$$2\overline{)7} \qquad 5\overline{)631} \qquad 6\overline{)784}$$

Efectúa en tu cuaderno estas operaciones y comprueba los resultados usando la calculadora.

$$
\begin{array}{r}
13 \\
9.8 \\
\times 6.2
\end{array}
\qquad
\begin{array}{r}
3.5 \\
\hline
\times 15
\end{array}
\qquad
\begin{array}{r}
5.4 \\
\hline
\times 23
\end{array}
\qquad
4\overline{)9.8}
$$

> Analicen y discutan en clase cómo se realizaron la división y la multiplicación con números decimales.

Ya con estas pistas Adriana entendió la relación entre los números y completó la tabla.

Ayúdale a terminar de encontrar la mitad de 7.5 y a comprobar que el número que obtuvo es el correcto.

$$\begin{array}{r} 3.\_\_ \\ 2\overline{)7.5} \\ 15 \\ \_\_ \\ \_ \end{array}$$

$$\begin{array}{r} 3.\_\_ \\ \times\ \ \ 12 \\ \hline \end{array}$$

Antes de entregarle un premio pequeño, el señor le propone cambiárselo por una muñeca de las que patinan, siempre y cuando participe en la segunda tabla del número escondido.

¡Adriana aceptó!

El juego se llama Atínale al Número. Consiste en proponer un número que multiplicado por 3, se aproxime bastante a 100.

Cada vez que se equivoque se pagará 25 ¢. El resultado que obtiene sustituye al 3. Si se vuelve a equivocar al proponer un número, nuevamente el resultado sustituye al anterior. El juego continúa así hasta que se ganan o se pierden todas las oportunidades.

> ¿Qué números, decimales consideras que están muy próximos a 100?
> Consulta con tu maestro y coméntalo con tus compañeros.

Adriana comenzó ante el asombro de todos nosotros.

134

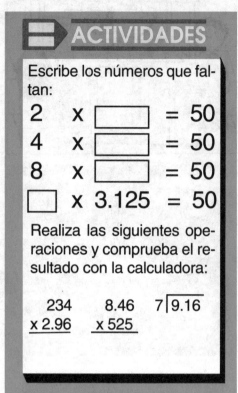

Escribe los números que faltan:

$2 \times \boxed{} = 50$

$4 \times \boxed{} = 50$

$8 \times \boxed{} = 50$

$\boxed{} \times 3.125 = 50$

Realiza las siguientes operaciones y comprueba el resultado con la calculadora:

$$\begin{array}{cc} 234 & 8.46 \\ \times\ 2.96 & \times\ 525 \end{array} \qquad 7\overline{)9.16}$$

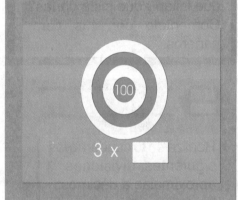

3 x ☐

Construye una variante de los juegos.
Encuentra el número perdido y atínale al número.

En su primer intento propuso 30. ¿Cuál fue el resultado que obtuvo?

$$3 \times 30 = \boxed{}$$

-Aún puedes mejorar tu aproximación. Cambiemos el 3 por el 90 -le dijo el encargado.

Para seguir el juego, Adriana, tuvo que pagar 25 ¢, y en su segundo intento se alejó demasiado del 100. ¿Qué número propuso?

$$90 \times \boxed{} = 135$$

-Me pasé -exclamó.

Mientras el encargado cambiaba el 90 por 135, todos nosotros apoyábamos a Adriana, entonces decidió darse la última oportunidad:

$$135 \times \boxed{} = 100$$

-Tiene que ser un número menor que uno -pensó.

¿Por qué el número tiene que ser menor que 1? Coméntenlo y discútanlo con su profesor.

El número que propuso fue 0.74. ¿Cuál es el resultado?

$$135 \times 0.74 = \boxed{}$$

El encargado del puesto le entregó la muñeca a mi compañera porque su aproximación a 100 fue muy buena.

Llegamos al puesto El gran cheque.

El responsable del puesto nos explicó en qué consistía el juego:

-Si ustedes juegan, tienen que llenar de acuerdo con ciertas reglas los espacios vacíos de los cheques que les voy mostrando.

-A ver, quién quiere jugar -dijo el encargado.

-Yo juego -contestó Tere.

-Bien, tienes que colocar en la parte que dice cantidad un número que sea mayor al que muestra mi cheque.

Éste es el cheque que mostró el encargado:

Banco de la Feria Matemática Nº de Cuenta 1300573

Páguese a la orden de: Manuel Sánchez Martínez

La cantidad de $ 25 070.00

veinticinco mil setenta pesos 00/100 moneda nacional

Firma   13-04-93
               Fecha

Ayuda a Tere a ganar, llena los espacios en el cheque.

Banco de la Feria Matemática Nº de Cuenta _____

Páguese a la orden de: Teresa Ortega Solís

La cantidad de $ _____

Firma   Fecha

¿Consideras que sólo hay una forma de llenar el cheque, o que hay varias? Coméntalo con tus compañeros.

Después de ver que Tere había resuelto el primer problema, el encargado del puesto le dijo:

-Para llenar el otro cheque fíjate muy bien en el mío. Escribe en tu cheque una cantidad que sea menor que la mía, que tenga las mismas cifras y que solamente dos de éstas estén cambiadas.

Banco de la Feria Matemática Nº de Cuenta 1300573

Páguese a la orden de: Manuel Sánchez Martínez

La cantidad de $ 25 070.00

veinticinco mil setenta pesos 00/100 moneda nacional

Firma   13-04-93
               Fecha

Escribe las cifras que muestra la cantidad del cheque de Manuel:

2 ☐ ☐ ☐ ☐

Anota con número y letra algunas de las cantidades que puedes formar con las cifras anteriores.

☐ ☐ ☐ ☐ ☐
_____

☐ ☐ ☐ ☐ ☐
_____

☐ ☐ ☐ ☐ ☐
_____

¿Cuál será la cantidad más grande que se puede formar con esas cifras? _____
_____

Escribe la cantidad menor que se pueda formar con esas cifras. _____

136

Utiliza las cifras 4, 0, 0, 1 y 3 para formar:

Cinco números diferentes mayores que 30 000.

Tres números diferentes mayores que 45 987.

Con las cifras 3, 5, 8, 1 y 9:

¿Cuál es el número mayor que se puede formar?

¿Cuál es el número menor que se puede formar?

Ayuda a Tere a completar el otro cheque:

Banco de la Feria Matemática Nº de Cuenta_____

Páguese a la orden de: Teresa Ortega Solís

La cantidad de $ _____

_____

Firma   Fecha

¿Consideras que esta cantidad es la única que se puede escribir en el cheque?

Para terminar el juego y obtener el premio, Tere tiene que poner lo que le falta en los cheques ¡Ayúdale!

Banco de la Feria Matemática Nº de Cuenta 1300573

Páguese a la orden de: Manuel Sánchez Martínez

La cantidad de $ 701 500.00

Firma   Fecha

Banco de la Feria Matemática Nº de Cuenta_____

Páguese a la orden de: Teresa Ortega Solís

La cantidad de $ _____

Ochocientos veinticinco mil cien pesos 00/100 moneda nacional

Firma   Fecha

¡ Correcto ! -gritó el señor.

Todos brincamos de gusto porque Tere lo había hecho muy bien.

Casi al final del recorrido nos encontramos con un puesto que tenía el juego Quién va primero

La señora que estaba en el puesto gritaba:

-Pasen, niños, pasen; éste es el juego más difícil.

Llamaba la atención la forma en que invitaba a participar. Nos acercamos y vimos que el juego consistía en lanzar canicas en una rampa con agujeros, cada uno con un número.

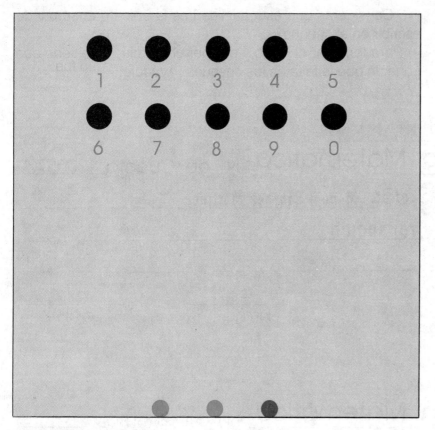

La señora, antes de empezar el juego explicó las reglas.

-Escojo al azar una tarjeta de este montón y la pongo a la vista de todos, contiene un cero, un punto y tres cifras.

El jugador sólo tira tres canicas. Una a una.

En la hoja de registros, el jugador escribe en el cuadro A el número que tiene el agujero donde cae la primera canica. En el B se anota el número del agujero de la segunda canica y en el cuadro C se escribe el valor donde cae la tercera canica.

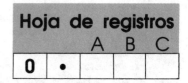

Hoja de registros			
	A	B	C
0 •			

-Gana el juego quien obtiene un número mayor que el mío -dijo finalmente la señora.

-¿Han comprendido el juego?

-Sí -exclamamos todos.

-Entonces comencemos a jugar -dijo la señora.

Del montón de tarjetas, sin ver, escogió esta:

0	•	3	8	1

Ahora era el turno de Sergio, lanzó las canicas de una en una con ganas de ganarle a la señora.

¡Gané! -gritó la encargada del puesto ante la sorpresa de todos nosotros.

138

...Finalmente Sergio terminó de tirar las canicas y registró en su hoja 0.293

-Miren niños, mi número es 0.381 y es mayor que el de su compañero -nos explicó la señora.

-¿Por qué? -exclamó Tere.

-Porque si observas bien, después del punto decimal yo tengo el 3 y su compañero el 2; es decir, yo tengo 3 decimos y Sergio solamente 2, y un buen criterio para decidir si un número decimal es mayor que otro, es comparar cuál de los dos números tiene más décimos

Sergio jugó nuevamente. Ahora la señora mostró su número:

$$0.035$$

Mi amigo lanzó sus canicas y el número formado fue:

$$0.305$$

¿Quién ganó el juego? _____

¿Ganó desde la primera tirada? _____

¿Por qué? _____

La señora escogió el número 0.987

¿Podrá ganarle Sergio? _____

¿Por qué? _____

Nos faltaba visitar varios juegos, pero antes de continuar Adriana propuso ir a comer algo. Fuimos a un puesto donde vendían tortas, refrescos, fruta y golosinas.

Todos pedimos refrescos. Tere y Adriana pidieron ensalada de frutas, mientras Sergio, Alejandro y yo una torta para cada quien.

Cuando los décimos son iguales, comparamos los centésimos. Es mayor el número que tiene más centésimos. Lo mismo sucede para los milésimos.

ACTIVIDADES

La encargada le mostró a Sergio otras tarjetas que tenían como parte entera números distintos a cero. Estos son los resultados que obtuvieron la señora y Sergio. Anota sobre la línea la palabra *mayor* o *menor* y escribe quién ganó.

Señora		Sergio
34.012	_____	34.021
ganó _____		
25.309	_____	23.507
ganó _____		
12.370	_____	12.037
ganó _____		

139

Al darnos la cuenta, el joven que atiende el puesto nos dio tres notas. En una de ellas anotó el precio total de los refrescos, en otra el de las ensaladas y en la última el de las tortas.
Éstas son las notas:

Refrescos	Ensaladas	Tortas
$ 3.00	$ 1.50	$ 5.00

Quedamos de acuerdo en pagar todos la misma cantidad.
-Yo sumo las cantidades de las notas -dijo Alejandro.
-Está bien -contestamos todos.
¿Cuál fue el total? _____
-Y ahora, ¿qué hacemos para saber cuánto le toca pagar a cada uno? -pregunté.
-Es fácil, sólo hacemos una división -respondió Sergio.
¿Cuánto pagó cada uno? _____
Anota los precios de cada producto.

Un refresco	Una ensalada	Una torta
$	$	$

ACTIVIDADES

Investiga los precios de los refrescos, ensaladas y frutas que venden en los puestos de las ferias de tu comunidad y contesta lo siguiente:
Si compras tortas para ti y 5 compañeros, ¿cuánto tienes que pagar?
¿Cuánto pagarías si compraras 2 refrescos, 3 ensaladas y una torta?
¿Cuánto recibes de cambio si pagas con un billete de $ 50.00?

Después de pagar la cuenta, nos sentamos en las banquitas del puesto para consumir lo que habíamos pedido y platicar sobre nuestras experiencias en la feria.

-¿Han gastado mucho dinero en los puestos? -preguntó Alejandro.

- No sé; aún no he hecho cuentas.

- Yo he gastado $1.50 hasta ahorita -mencionó Tere.

¿Cuánto gastó Sergio en el juego? _____

¿Cuánto pagó Adriana por pistas? _____

¿Cuánto gastó Adriana en total? _____

Ordena en la tabla, de mayor a menor, las cantidades que gastaron Adriana, Tere y Sergio.

Al final todos estábamos muy cansados; pero, muy contentos, comentábamos todo lo que aprendimos y ganamos. Esperábamos la próxima feria cuando estuviéramos en sexto grado.

Nombre	Gastó en los juegos

EL TANGRAMA

¿Sabes lo qué es un tangrama?

El tangrama es un rompecabezas de siete piezas geométricas. Al unirlas puedes formar un cuadrado, un triángulo, un rectángulo, un trapecio, un romboide y tantas figuras como puedas imaginar.

Vamos a elaborar un tangrama. Necesitas cartón grueso, regla, papel, lápiz y tijeras.

Sigue las indicaciones:

1. Traza en el cartón un cuadrado de 12 cm por lado y marca sus puntos medios, es decir, los puntos que están a la mitad de cada lado.

2. Traza suavemente con lápiz las líneas punteadas.

3. Remarca las líneas que se muestran en la figura 3.

4. Borra las líneas punteadas que no remarcaste y recorta las 7 figuras geométricas que se han formado.

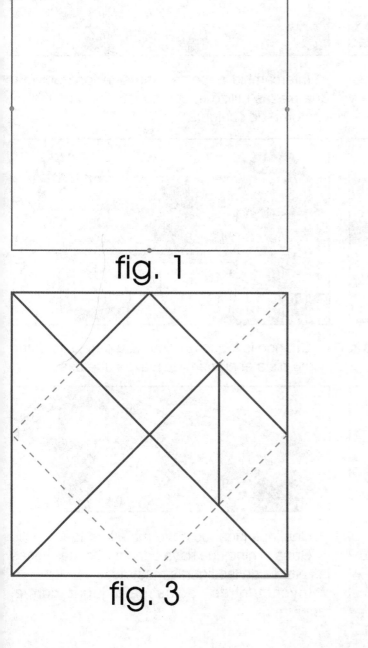

fig. 1

fig. 2

fig. 3

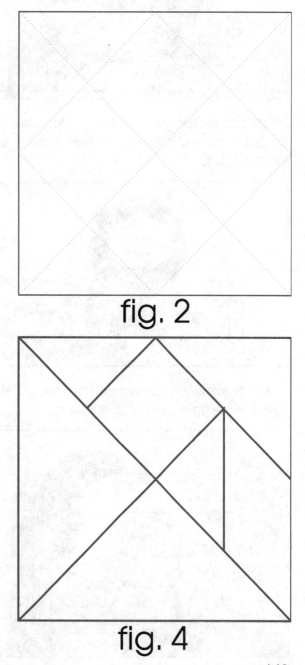

fig. 4

¡A jugar con el tangrama!

Para comenzar a jugar formen parejas. Cada una necesita un tangrama, hojas y lápiz.

Sin que tu compañero vea, marca en la hoja el contorno de una figura formada con dos piezas del rompecabezas.

Tu compañero deberá buscar las piezas del tangrama que utilizaste para hacer esa figura y mostrártelas.

En el siguiente turno puedes escoger dos o más piezas para marcar el contorno.

Muéstrale a tu pareja el contorno de la figura que marcaste.

Intercambia papeles. Ahora te toca adivinar qué piezas utilizó tu compañero para marcar el contorno de su figura.

Cuando le toque adivinar a tu pareja, le darás como pista el número de piezas que usaste.

Continúa jugando de forma alternada.

Gana el niño que haya encontrado más veces las piezas de las figuras mostradas

Inventa otras reglas para jugar con el tangrama.

Observa con atención las piezas de tu tangrama.

Coloca cada pieza sobre el recuadro, traza aquí su contorno con lápiz y escribe el nombre de cada figura.

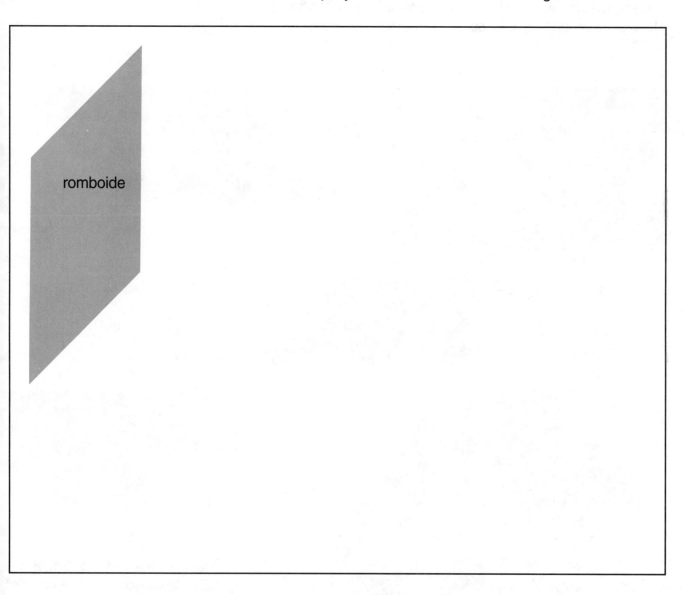

romboide

Completa con los nombres de las figuras los siguientes enunciados.

El cuadrado y el romboide _____ son figuras de 4 lados.

En el _____ sus lados miden lo mismo.

_____ son figuras de 3 lados.

_____ son figuras con lados opuestos paralelos.

_____ son figuras con algún ángulo recto (de 90 grados).

_____ son figuras que tienen la misma área.

_____ son figuras en las que su área es $\frac{1}{2}$ de otra.

¡Sigamos jugando con el tangrama!

Formen equipos de cinco. Cada uno de los participantes necesita una hoja, juego de geometría, lápiz y un tangrama.

Cada niño del equipo escogerá una de las siguientes figuras y la trazará en una hoja. Respeta las medidas señaladas.

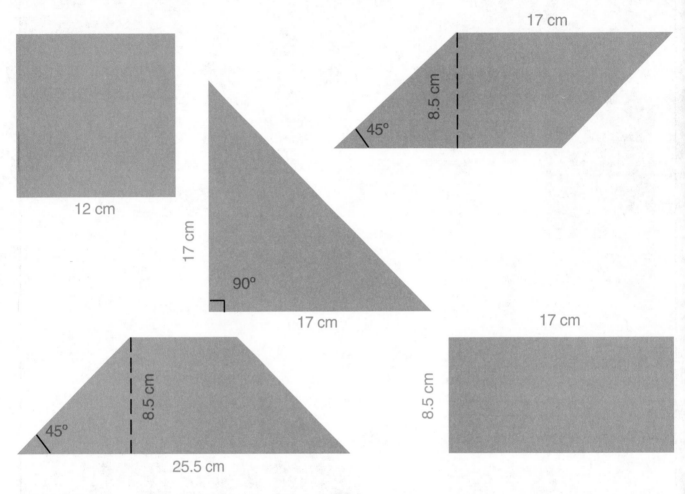

Cuando termines de trazar tu figura, trata de acomodar dentro de ella las siete piezas del tangrama.

El niño que coloque primero las piezas del tangrama en su figura grita ¡tangrama! y es el ganador de la ronda. Espera a que los demás terminen de acomodar sus piezas para intercambiar las hojas y empezar una nueva ronda.

Gana el alumno que, al finalizar cinco turnos haya ganado más veces.

Vamos a analizar algunas de las piezas del tangrama.

Toma una de las piezas triangulares y en el recuadro de la derecha marca su contorno.

Mide con tu regla cada uno de sus lados y anota el resultado en la figura.

Este triángulo tiene un perímetro de _____ centímetros.

Para encontrar el área de esta misma figura necesitas conocer las medidas de su _____ y _____.

Su área es de _____ centímetros cuadrados.

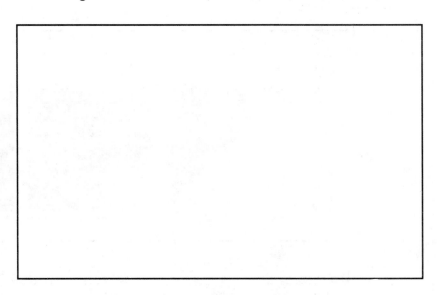

Éste es el contorno de otra pieza. ¿Cuál es su nombre?

_____

Mide sus lados y anota tus resultados en la misma figura.

Su perímetro es de _____ centímetros.

¿Qué se te ocurre hacer para encontrar su área? _____

_____

Un camino puede ser descomponer la figura en otras cuyas áreas ya sabes calcular.

Hecho esto suma las áreas de cada parte. Por ejemplo, para encontrar el área de esta figura podemos descomponerla así:

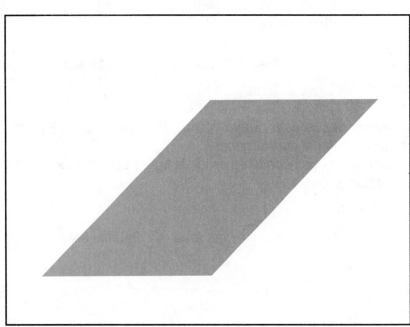

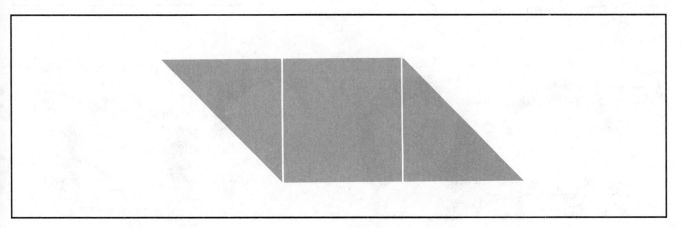

Divide la figura como se te indicó.

base _____ cm   lado _____ cm   base _____ cm
altura _____ cm   área _____ cm²   altura _____ cm
área _____ cm²   área _____ cm²

área ◺ más área ☐ más área ◿ igual al área ▱

_____ + _____ + _____ = _____

Ahora tienes esta nueva figura. Si queremos obtener su área, ¿qué se te ocurre hacer?

Una forma de hacerlo es dividir la figura en dos triángulos y un rectángulo:

área ◹ más área ☐ más área ◺ igual al área ⬭

_____ + _____ + _____ = _____

¿De qué otras formas se te ocurre calcular el área de la figura? Coméntalo en clase.

Encuentra el perímetro y el área de las siguientes figuras. Divídelas en triángulos, cuadrados o rectángulos. Encuentra el área de cada parte y súmalas para obtener el área total de la figura original.

Discute con tus compañeros algunas formas de dividirlas para obtener su área.

De todas las formas propuestas, ¿cuál es la mejor?

_____

_____

Usa esta última forma de descomposición para encontrar el área.

área  = _____ cm²

área  = _____ cm²

área  = _____ cm²

¿Con cuáles piezas del tangrama puedes formar esta figura? _____

_____

Acomoda las piezas y comprúebalo.

Para encontrar el área de esta figura, ¿qué se te ocurre hacer?

_____

_____

El área de la figura es de

_____ cm^2

Calcula el área de cada una de las piezas del tangrama y escribe el resultado al reverso de las mismas.

Usa las piezas necesarias del tangrama para formar las siguientes figuras:

¿Cuál es el área de esta figura? _____ cm^2

¿De cuántas formas distintas puedes armar esta figura? _____

Coméntalo con tus compañeros.

¿Cuál es el número mínimo de piezas que puedes usar para formarla? _____

¿Cuál es el área de esta figura?

_____ cm^2

¿Qué piezas necesitas para formar esta figura?

_____

_____

Marca cada una de ellas y calcula el área total.

Área de la figura _____cm²

¿Cuántas piezas de tu tangrama necesitas para formar una figura como la de abajo?_____

¿Cuál es el área total de esta figura?
_____ cm²

Formen equipos de cinco alumnos. Discutan y acuerden de qué manera se podría completar la siguiente tabla, si sólo pueden medir los lados del triángulo uno.

	Lado 1	Lado 2	Lado 3
1		4 cm	
2	6 cm		10 cm
3 	4.5 cm	6 cm	

Calcula el perímetro de cada uno de estos triángulos:

Triángulo 1 _____cm

Triángulo 2 _____cm

Triángulo 3 _____cm

¿Cómo es el perímetro del triángulo 1 comparado con el perímetro del triángulo 2?

_____

¿Qué podrías decir del perímetro del triángulo 3 comparado con el del triángulo 2?

_____

¿Qué parte del perímetro del triángulo 3 es el perímetro del triángulo 2?

_____

En la cuadrícula inferior completa los dos barcos.
Toma como referencia la figura que aparece enseguida:

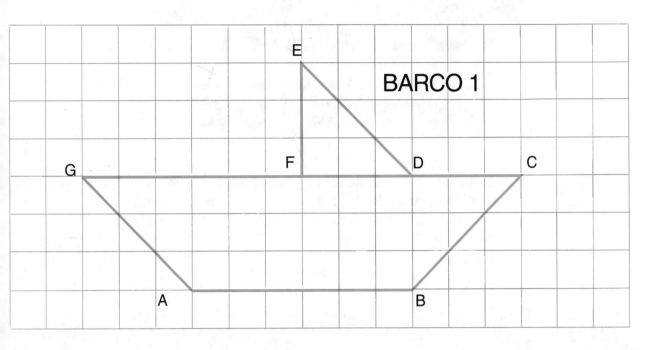

BARCO 1

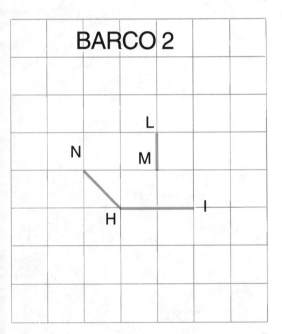

BARCO 2

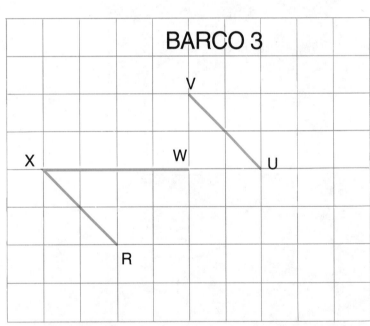

BARCO 3

De acuerdo con el orden en que aparecen las letras en el barco 1, coloca las letras que faltan en los barcos 2 y 3.

·En el barco 1 la longitud de AB es _____ veces la longitud de HI en el barco 2.

·En el barco 2 la longitud de HI es $\dfrac{}{2}$ de la longitud de RS en el barco 3.

·En el barco 3 la longitud de TW es $\dfrac{2}{}$ de la longitud de CF en el barco 1.

COLOREA Y APRENDE

Vamos a iluminar el siguiente robot, para ello solamente usarás tres colores: amarillo, rojo y verde. Con uno de ellos pintarás su cabeza, con otro sus extremidades y con el tercero su tronco.

¡Ilumínalo!

Compara tu robot con el de tus compañeros.
¿Qué observas?

Si comparas tu robot con el de tus compañeros, podrás notar, por ejemplo, que no todos pintaron del mismo color la cabeza. Llena los espacios y así podrás conocer de cuántas formas diferentes es posible iluminar el robot.

Cabeza	Extremidades	Tronco
amarillo		verde
amarillo		
	amarillo	
		amarillo
verde	amarillo	
	rojo	amarillo

Como pudiste comprobar, hay _____ formas de iluminar el robot con tres colores diferentes.

Vistiendo al robot

El robot se ve muy simpático cuando se viste de diferentes formas. Su vestuario lo componen tres anteojos diferentes; cuatro pantalones de distinto color, uno verde, uno café, otro azul y otro blanco; y tres camisas de color, amarillo, rojo y negro.

Vamos a vestirlo
¿De cuántas maneras diferentes lo puedes hacer?_____ .
Si no sabes cómo hacerlo, fíjate muy bien en el diagrama de árbol de la página siguiente y obtendrás las diferentes formas de vestirlo.

155

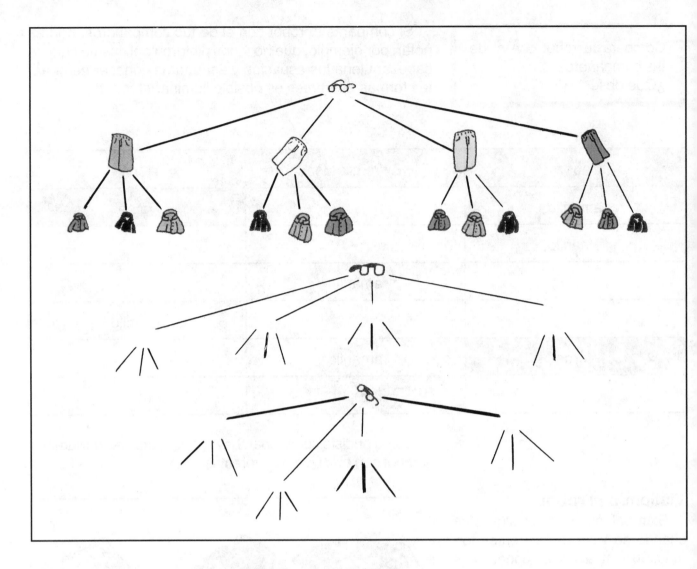

¿Cuántas formas diferentes de vestir al robot obtuviste?____

Un robot de diferentes tamaños

Cuando el robot viaja por otros mundos tiene la facilidad de cambiar de tamaño: a la mitad, a la tercera parte y a las tres cuartas partes de su tamaño original. ¿Por qué se transformará así? Porque en los mundos que visita las cosas tienen esos tamaños; si nuestro amigo no pudiera hacerlo, entonces tendría problemas.

Los mundos que más visita son los que aparecen en la tabla de la derecha.

Mundos	Alfa	Beta	Gama
Tamaño de las cosas	$\frac{1}{2}$	$\frac{1}{3}$	$\frac{3}{4}$

Si nuestro amigo robot no pudiera transformarse, ¿en qué mundo tendría más problemas? _____

¿Por qué? _____

¿En cuál menos? _____

¿Por qué? _____

156

Termina de formar el robot de acuerdo con el mundo en el que se encuentran.

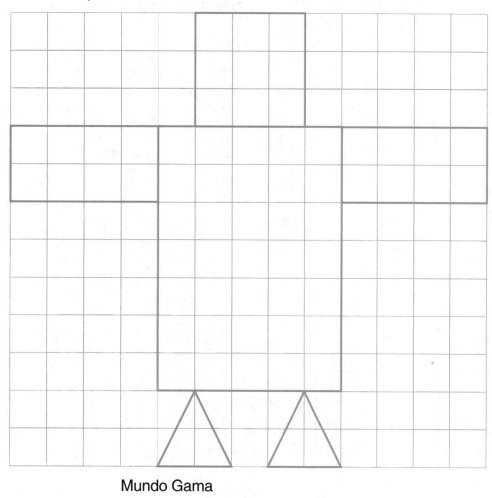

Mundo Beta

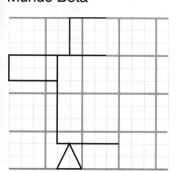

Mundo Gama

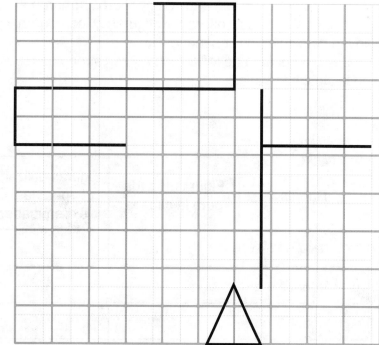

Mundo Alfa

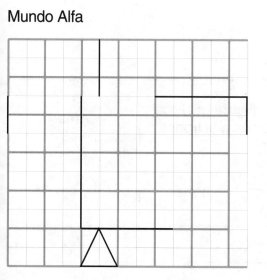

¿Quieres saber cómo son los robots de los mundos Alfa, Beta y Gama? Echa a volar tu imaginación. Calca en una hoja las siguientes figuras, recórtalas y arma con ellas tres robots, ilumínalos y pégalos en tu cuaderno.

Seguramente no todos tus compañeros armaron el mismo robot. Muestren sus diferentes figuras y comparen cuáles llevan más color, cuáles menos.

Calculen el área de los 3 robots y registren sus resultados en la siguiente tabla:

Robots	Figura utilizada para la cabeza	Figuras utilizadas para las extremidades	Figura utilizada para el tronco	Área
Robot 1				
Robot 2				
Robot 3				

LOS DADOS

Con estas figuras planas se pueden armar dados.

    ¿Qué cara consideras que se opone al número 3 en el dado grande? _____

    ¿Qué cara se opondrá a la cara verde al formar el cubo chico? _____

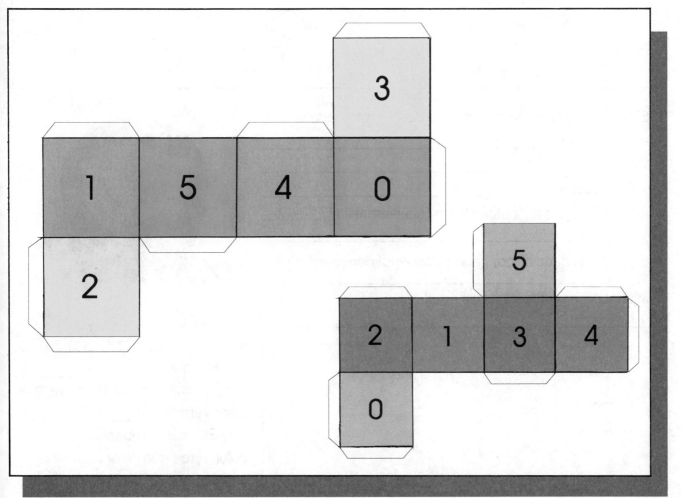

Copia en un papel o cartulina las figuras anteriores. Después recórtalas e ilumínalas. Arma los cubos y utilízalos como dados.

Si lanzas el dado grande al aire, ¿de qué color es la cara que queda hacia arriba? _____

Esta situación se puede ilustrar mediante un diagrama de árbol:

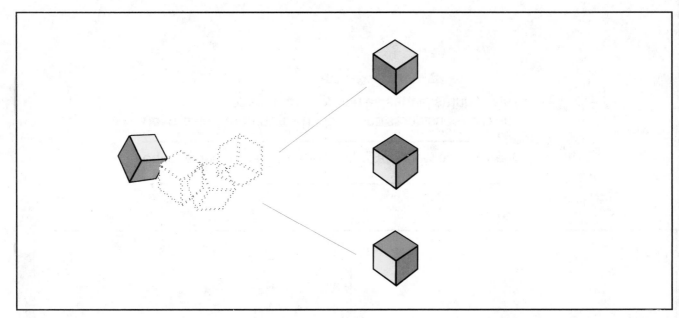

Si lanzas el dado grande, ¿en cuántos casos queda la cara roja hacia arriba? _____

¿Y la azul? _____

¿Y la amarilla? _____

¿Es más probable obtener cara roja o amarilla? _____

¿Por qué? _____

Si lanzas el dado chico, ¿qué colores pueden resultar?

_____

Ilústralo con un diagrama de árbol.

¿Qué color es más probable obtener? _____

¿Por qué? _____

¿En cuántas caras aparece el color verde? _____

¿Es más probable que salga color verde que color naranja? ____

¿Por qué? _____

Ahora arroja 12 veces los dados e ilumina cada auto con los dos colores que obtengas.

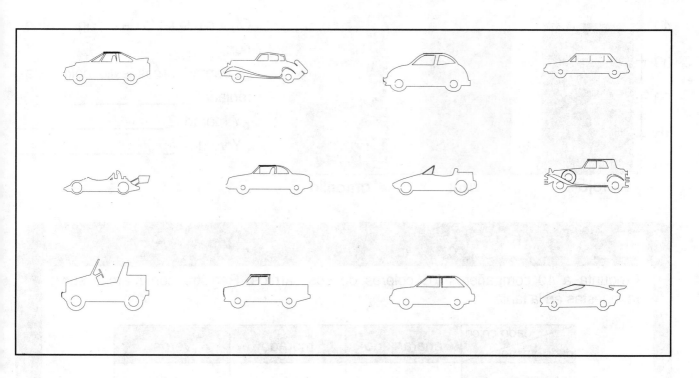

¿Te resultó el mismo color para todos los autos? _____
¿Por qué crees que ocurrió esto? _____
_____
Compara los colores de tus autos con los de tus compañeros.
¿Tienen los mismos colores? _____
En esta tabla se registraron los colores con los que 10 alumnos iluminaron sus autos.

¿Qué combinaciones aparecieron más veces? _____

¿Por qué consideras que ocurrió así? _____

dado grande \ dado chico	anaranjado	morado	verde
rojo	ℍℍℍℍℍℍℍℍℍℍℍℍ I	ℍℍℍℍℍℍℍℍℍ	IIII
azul	ℍℍℍℍℍℍℍℍℍℍℍℍℍℍℍℍ	ℍℍℍℍℍℍIII	ℍℍℍ I
amarillo	ℍℍℍℍℍℍℍℍℍℍℍℍℍℍℍℍ	ℍℍℍℍℍℍℍℍℍℍℍℍ III	III

En la tabla se observa que el color rojo apareció 40 veces. Compruébalo contando las rayitas del renglón.
¿Cuántas veces apareció el color azul? _____
¿Y el amarillo? _____

Esta información se puede representar en una gráfica de barras como ésta.

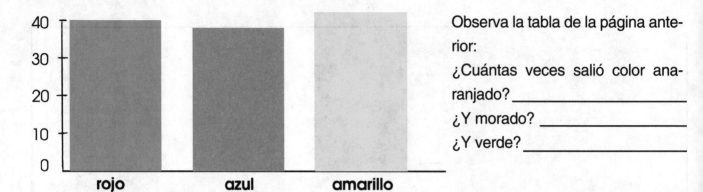

Observa la tabla de la página anterior:

¿Cuántas veces salió color anaranjado? _____

¿Y morado? _____

¿Y verde? _____

ACTIVIDADES

Pregunta a 10 compañeros los colores de sus carritos. Registra con marcas sus respuestas en la tabla.

dado grande \ dado chico	anaranjado	morado	verde
rojo			
azul			
amarillo			

Con los datos recabados entre tus compañeros realiza las siguientes gráficas de barras:

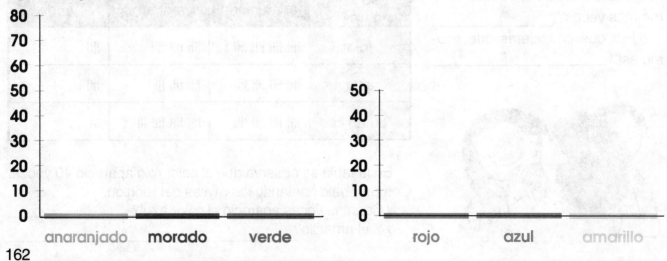

162

Las posibles combinaciones de color que pueden resultar se ilustran en el siguiente diagrama de árbol. Complétalo.

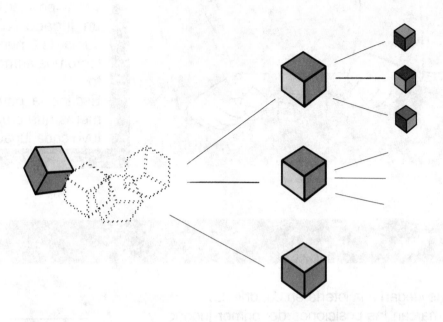

Los dados son un material importante para realizar *experimentos aleatorios* o *de azar*. Muchos juegos se realizan con dados. A continuación encontrarás dos.

Lotería en cuadrícula

Instrucciones:

1. Juegan dos personas. Inicia el juego quien al lanzar los dos dados obtenga la mayor suma de puntos.

2. En forma alternada, los jugadores lanzan los dados y señalan con marcas distintas el punto que les resulte; por ejemplo, una cruz y un puntito. El punto se determina según el resultado de los dados: el número del dado grande corresponde a la línea horizontal y el número del dado chico a la línea vertical.

3. Gana el primero que logre alinear tres puntos, ya sea en línea recta horizontal (—), vertical (I) o inclinada (/) y que además *grite* ¡Lotería horizontal! ¡Lotería vertical! o ¡Lotería inclinada!, según corresponda.

¡A jugar!

Anota aquí los puntos con que se completó la lotería _____

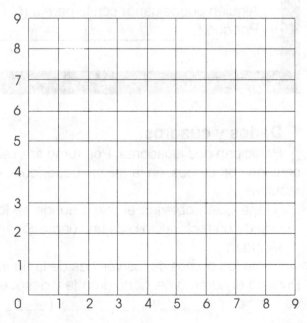

163

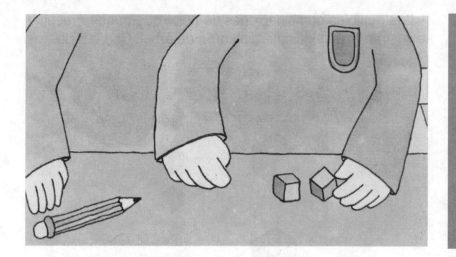

Al lanzar los dados para ver quién iniciaba el juego un jugador obtuvo una suma de 0 puntos, el otro logró una suma de 7 puntos.

Escribe la pareja de números que crees que obtuvo cada jugador.

ACTIVIDADES

Dos personas juegan a la lotería en cuadrícula.
Las cruces marcan las posiciones del primer jugador y los puntos las posiciones del segundo jugador.

¿A quién le toca tirar? _____

¿Cómo puedes saberlo? Coméntalo con tus compañeros.

¿Con qué resultados ganaría el segundo jugador?

_____

Haz la lista de parejas con las que el primer jugador puede formar su línea horizontal.

¿Alguien puede ganar con la pareja (6, 6)? _____

¿Por qué? _____

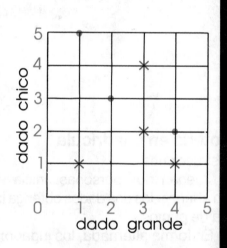

Dados y cuadros.

Participan dos jugadores. Por turno tiran el par de dados y señalan con cruces, en la misma cuadrícula, el punto que les resulte.

Gana quien obtenga el punto donde se localiza el cuarto vértice de un rectángulo o de un cuadrado.

¡A jugar!

Anota los puntos de los vértices de la figura que se formó. Primero el número del dado grande y después el número del dado chico (___, ___), (___, ___), (___, ___), (___, ___)

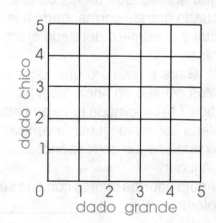

En un juego de dados y cuadros, dos jugadores han llegado a esta distribución de puntos:

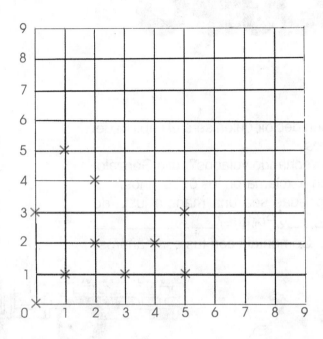

¿Con qué puntos puede ganar el jugador en turno?

_____

Comenta tus respuestas.
Escribe 5 puntos con los que no se puede ganar. _____

_____

Como una variante, los jugadores acuerdan sumar determinados números al resultado que obtengan. Por ejemplo:
·Si los dados indican el punto (2, 2) se marca el punto (5, 4).
·Si los dados indican el punto (1, 4) se marca el punto (4, 6).

Utiliza este criterio para completar lo siguiente:

Al lanzar los dados, ¿es posible que aparezcan todos los resultados de la columna izquierda de la tabla? _____
¿Por qué? _____

Resultados de los dados	Punto a marcar
(5, 3)	
	(8, 7)
	(4, 6)
(3, 5)	
	(9, 4)

EL CAPITÁN DEL EQUIPO

Santiago, Gonzalo y Mario deben decidir quién será el capitán del equipo de voleibol *Los cachorros*.

¿Qué les parece si lo decidimos echando volados? -dijo Gonzalo.

-¡Claro! Eso estaría muy bien -exclamaron los otros niños.

¿Consideras que lanzar monedas sea una manera justa de decidir quién será el capitán? _____ ¿Por qué?_____

_____ Coméntalo con tus compañeros.

Los tres niños sacaron sus monedas. Santiago tenía una moneda de 10 ¢, Gonzalo una de 50 ¢ y Mario una de $ 1.00

-¿Cómo lo haremos? -preguntó Santiago.

-Será un disparejo -contestó Gonzalo.

-¡Muy bien! ¿Están listos?

-¡Sí!

Los niños prepararon sus monedas y las lanzaron al aire. Cuando éstas cayeron al suelo todos los niños corrieron a ver quién había ganado.

-¡Nadie ganó! -gritaron al mismo tiempo Santiago y Gonzalo cuando vieron cómo habían caído las tres monedas.

-Hagámoslo otra vez -dijo Gonzalo.

Los niños volvieron a lanzar sus monedas.

-¡Ganó Mario! -dijo Santiago.

-¡Mario será el capitán del equipo! -opinaron a coro.

ACTIVIDADES

Contesta las siguientes preguntas y discute en clase tus respuestas.

·¿Por qué en el primer lanzamiento nadie ganó? _____

·¿Cómo crees que cayeron las monedas en ese lanzamiento? _____

_____

·Si la moneda de 10 ¢ hubiera caído águila, la de 50 ¢ sol y la de $ 1.00 águila, ¿quién habría ganado? _____

·¿Cómo cayeron las monedas en el segundo lanzamiento? _____

_____

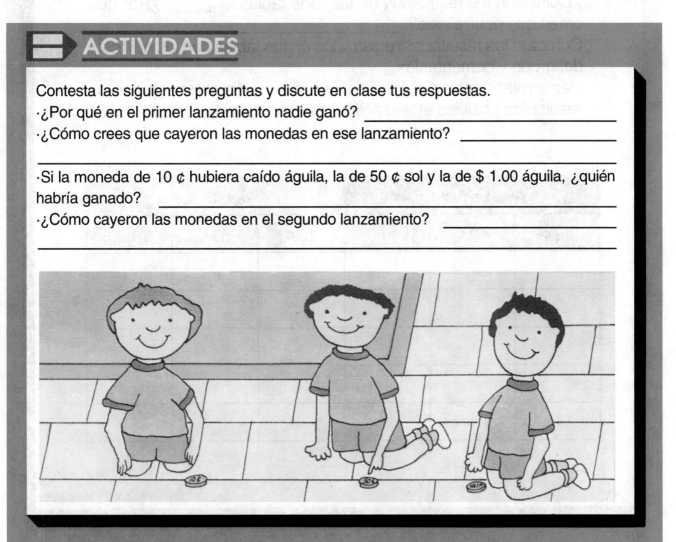

Formen equipos de tres personas. Necesitan tres monedas: una de 10 ¢, una de 50 ¢ y otra de $ 1.00.

1. Escriban en la tabla Predicciones cómo consideran que pueden caer las monedas al arrojarlas 5 veces. Por ejemplo, pueden decir que la de 10 ¢ caerá águila, la de 50 ¢ caerá águila y la de $1.00 caerá sol.

2. Lancen las monedas 5 veces. Anoten en la tabla Resultados lo que sucede cada vez.

¿Coinciden los resultados de las dos tablas? _____ ¿Por qué crees que ocurre esto?_____

Compara los resultados registrados en tus tablas con las del resto del grupo y coméntenlos

Haz un diagrama o dibujos en tu cuaderno, para mostrar todos los resultados posibles al lanzar las tres monedas.

Predicciones			Resultados		
10 ¢	50 ¢	$ 1.00	10 ¢	50 ¢	$ 1.00

Mario resultó buen capitán. Además de animar a sus compañeros a hacer muy bien las cosas, se preocupaba por mantenerlos bien informados en cuanto a las características de su deporte favorito: el voleibol. Así que un día les llevó esta nota deportiva:

El voleibol como deporte

El voleibol es un deporte que se practica al aire libre o bajo techo, sobre una cancha rectangular de 9 m de ancho por 18 m de largo. Una línea recta, llamada línea central, y una red -cuyo borde superior se coloca a una altura de 2.43 m del piso y sujeta a postes rígidos en los extremos de la línea- dividen la cancha en dos partes iguales. Al lado más corto del rectángulo se le llama línea de fondo. A 3 m de la línea central y hacia sus lados, se ubican las dos líneas de ataque.

El voleibol se juega con un balón cuyo peso reglamentario es de aproximadamente 300 gramos.

En el juego participan dos equipos. Cada uno está formado por seis jugadores:

tres ofensivos, que se colocan en la línea de ataque, y tres defensivos, colocados en la línea de fondo.

Las posiciones de los jugadores se numeran comenzando con el defensa izquierdo y en sentido contrario a las manecillas del reloj.

Efectúa el saque el jugador que está en posición de defensa derecho, quien se coloca atrás de la línea de fondo. Para el saque, este jugador golpea el balón con la palma de la mano haciéndolo pasar sobre la red, hasta el espacio del equipo contrario. Éste último debe regresar el balón evitando que toque el piso y que se le den más de tres golpes. Si esto ocurre se ha cometido una falta y el balón pasa al equipo contrario.

Un partido de voleibol se compone de *sets*, a ganar 3 de 5. Gana un set el equipo que completa primero 15 tantos.

En el caso de que el marcador resulte 15-14, el *set* continúa hasta que uno de los dos equipos logre dos tantos de ventaja.

Durante el juego, cada sexteta puede solicitar dos descansos de un minuto por set. Se autorizan cambios en los equipos en un máximo de seis jugadores y siempre que el juego esté detenido.

Para controlar el desarrollo del encuentro, se cuenta con dos árbitros, dos jueces de línea y un anotador.

Se consideran faltas cuando el balón: cae en campo propio, sale del perímetro del campo contrario, es tocado más de tres veces antes de pasar sobre la red al campo contrario, si un jugador lo toca dos veces seguidas, lo retiene o lo toca con alguna parte de su cuerpo de la cintura para abajo.

Además le solicitó al maestro Pedro que los entrenara. Él aceptó gustoso y lo primero que les pidió fue que corrieran alrededor de la la cancha a manera de calentamiento:

-Le darán cuatro vueltas a la cancha, mientras Luis les toma el tiempo -dijo.

Mario, el capitán del equipo, hizo 18.6 segundos en la primera vuelta, 23.2 en la segunda, 25.4 en la tercera y 28.8 en la cuarta.

Gonzalo hizo 20.2 segundos en su primera vuelta, 25.4 en la segunda, 26.3 en la tercera y 27.8 en la cuarta.

Santiago hizo 18.9 segundos en la primera vuelta, 21.8 en la segunda, 24.1 en la tercera y 24.8 en la cuarta.

Pedro hizo 18.2 segundos en la primera vuelta, 20.5 segundos en la segunda, 20.5 en la tercera y 22.3 en la cuarta.

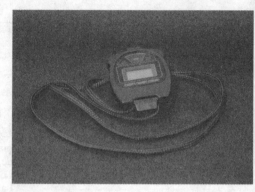

ACTIVIDADES

¿Quién hizo el menor tiempo al dar las cuatro vueltas a la cancha? ¿Quién ocupó el segundo lugar? ¿Quién el tercero? ¿Quién se tardó más tiempo en dar las cuatro vueltas?

Organiza esta información en un tabla y represéntala en la gráfica.

Niños	Tiempo	Lugar
Mario		
Santiago		
Gonzalo		
Pedro		

Tiempo en segundos

100
80
60
40
20
0

Mario   Santiago   Gonzalo   Pedro

-Maestro -dijo el capitán del equipo-, si seguimos entrenando de esta manera, seguramente obtendremos la victoria.

Subraya con color toda la información numérica que aparece en la nota deportiva de la página 169, escríbela sobre las líneas y anota qué expresa cada número.

Información numérica		se refiere a
2.43	dos metros cuarenta y tres centímetros	altura de la red

¿Cuál es el área de la zona de la cancha comprendida entre las líneas de ataque? _____

¿Con qué número se identifica la posición del jugador al que le corresponde el saque del balón? _____

En un saque:

¿Cuántos metros como mínimo debe recorrer el balón para que pase la red? _____

¿Cuántos metros como mínimo debe recorrer el balón para que rebase la línea de ataque del adversario? _____

Si un jugador colocado sobre la línea de ataque regresa el balón paralelamente a los lados de la cancha, ¿a cuántos metros como máximo deberá lanzarlo para que no salga de la cancha? _____

¿Aproximadamente cuánto debes saltar para alcanzar el borde superior de la red? _____

Compara esta última respuesta con tus compañeros.

El día del enfrentamiento entre *Los cachorros* y *Los aguiluchos* al fin llegó, y también la hora de decidir qué equipo sacará primero el balón.

-Lancemos una moneda al aire -les propuso el árbitro.

Mario, el capitán de *Los cachorros*, pide águila.

Después de un reñido partido de voleibol, *Los cachorros* ganaron el último y decisivo *set* 15 - 13 y contentos se retiraron en espera del siguiente equipo a vencer.

¿Cuántos *sets* perdieron *Los cachorros* en el juego?_____

Si se sabe que la ventaja en cada uno de los sets ganados fue de más de un tanto y que *Los cachorros* acumularon 50 tantos y *Los aguiluchos* 64 ¿cuál es el posible marcador de cada set? _____

LOS AMIGOS

Carlos, Gustavo y Edgar son grandes amigos. Viven en un edificio de veinte departamentos que están numerados consecutivamente, a partir del uno. El edificio está ubicado en la calle 30, lote 5, manzana 20; es el edificio 22 del fraccionamiento Bosques, sección IV, en el Estado de México.

Edgar vive en el departamento 4, Carlos en el 6 y Gustavo en el 19.

¿Cuántos departamentos hay entre los de Carlos y Gustavo?_____ Enuméralos._____

Los tres asisten, por las mañanas, a la escuela primaria Estado de Sinaloa. Van en quinto grado y tienen entre 9 y 11 años.

¿Cuál crees que podría ser la edad de cada uno de ellos?

_____

La estatura de Carlos es de 1.38 m y la de Gustavo de 1.33 m. Si la estatura de Edgar está entre la de Carlos y Gustavo, ¿cuánto crees que mide?_____.

Coméntalo con tus compañeros.

Escribe las estaturas de algunos de tus compañeros que estén comprendidas entre las de Carlos y Gustavo y ordénalas de menor a mayor. _____

Como Carlos, Gustavo y Edgar son grandes amigos y van en el mismo grupo se ayudan con las tareas que les deja su maestra. Haz equipo como ellos y resuelve con tus compañeros las siguientes tareas.

Tarea 1.

Investiguen cuáles son las extensiones territoriales de las 8 entidades federativas más chicas de la República Mexicana. Ordénenlas de menor a mayor y escríbanlas en la tabla de la derecha.

Entidades Federativas más chicas de la República Mexicana	Extensión territorial

Tarea 2.

Cada equipo debe tener o elaborar los siguientes materiales:

·Cajas pequeñas de cartón de diferentes tamaños. Pueden ser de loción, medicinas, pasta de dientes, etcétera.

·Dos cubos sin tapa: uno de 10 cm de arista y otro de 1 cm de arista.

·Una botella o envase de cartón con capacidad de un litro.

·Arena, frijol, arroz o cualquier otra semilla.

Con este material van a realizar las siguientes actividades:

Seleccionen cuatro cajas de diferentes tamaños, obsérvenlas bien y escojan la que crean que tiene mayor capacidad.

¿Qué harían para comprobar si es la de mayor capacidad?

Ordenen las cajas de mayor a menor según su capacidad.

Sugerencia: utilicen un mismo recipiente y un tipo de semilla para realizar la actividad.

Caja de:	Número aproximado de veces que cupo el contenido del recipiente utilizado

Comenta con tus compañeros las estrategias que usaron para ordenar las cajas.

Al día siguiente, la maestra Queta preguntó a sus alumnos cómo usaron el material que les había pedido para ordenar las cajas de acuerdo a su capacidad.

174

Después de que los alumnos respondieron, la maestra Queta comentó que una manera usual de verificar y comparar la capacidad de un recipiente es tomar como unidad de comparación un cubo de 1 cm de arista, llenarlo con arena, sal o azúcar y contar cuántas veces cabe, aproximadamente, el contenido en los recipientes.

Trabaja esta sugerencia de la maestra Queta con tus compañeros y realiza tus anotaciones en la siguiente tabla.

Caja de:	Número aproximado de veces que cabe el contenido de un cubo de 1 cm de arista en cada caja

-¿Qué les parece -preguntó la profesora Queta- si ahora hacen la suguiente tarea? Viertan agua en un recipiente de un litro hasta que casi se llene y después agreguen piedras de diferentes tamaños, una a una.

¿Qué observan en cada caso?

Un gran descubrimiento de los amigos

Carlos, Gustavo y Edgar realizaron el experimento que les pidió la maestra e hicieron un gran descubrimiento. Observaron que cuando introducían piedras en el recipiente casi lleno, algunas derramaban el agua y otras no.

¿Por qué ocurre esto? -se preguntaron.

-Con las piedras pequeñas no se derramaba el agua y con las más grandes, sí.

La profesora Queta los felicitó porque habían hecho un gran descubrimiento y además agregó:

-El espacio que ocupa un cuerpo no puede ser ocupado por ningún otro al mismo tiempo. Por ejemplo, al echar la piedra en un vaso lleno de agua, la piedra desplaza un volumen de agua igual al que se derrama del vaso. Por eso, cuando ustedes hicieron el experimento en el recipiente casi lleno, con algunas piedras se derramó agua y con otras no.

En equipos de 5 niños realicen lo siguiente:

·Busquen 7 piedras distintas y ordénenlas de mayor a menor, según el espacio que ocupen. Sugerencia: usen un recipiente transparente que contenga agua a la mitad de su capacidad y comprueben que éste es el orden correcto. En caso contrario reordénenlas.

·Tapen sus cajas de la tarea 2. Separen la que ocupe más espacio y la que ocupe menos espacio.

·Con plastilina o jabón formen 10 cubos de 1 cm de arista. Junten algunos cubos como se ilustra a continuación y contesten las preguntas:

cuerpo 1   cuerpo 2   cuerpo 3

·¿Qué cuerpo ocupa más espacio? _____

·¿Cuántos cubos forman el cuerpo 2? _____

·¿Cuántas veces es mayor el espacio que ocupa el cuerpo 3 comparado con el del cuerpo 2? _____

·Hagan un cuerpo que ocupe 5 veces el espacio del cuerpo 1 y dibújenlo en su cuaderno.

-¡Ah! ya entendimos, maestra.

-Bueno, si ya entendieron, vamos a ver ahora qué cosas ocupan más espacio en comparación con otras.

Carlos, dime 5 objetos que por separado ocupen más espacio que Gustavo.

-Eso es muy fácil -contestó Carlos de inmediato.

-Ahora tú, Edgar, muéstrame 5 objetos que ocupen menos espacio que Carlos.

Dos de los objetos que mostró Edgar fueron estos:

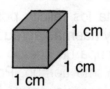

1 cm
1 cm
1 cm

Este cuerpo se llama centímetro cúbico y lo vamos a utilizar como unidad para medir el volumen de otros cuerpos; es decir la cantidad de espacio que ocupan -dijo la maestra.

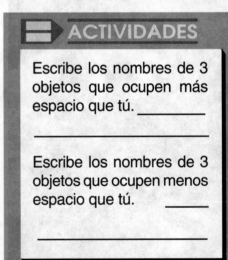

Escribe los nombres de 3 objetos que ocupen más espacio que tú. _____

_____

Escribe los nombres de 3 objetos que ocupen menos espacio que tú. _____

_____

Volumen es el espacio que ocupa un cuerpo.

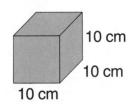

10 cm
10 cm
10 cm

Este otro cuerpo se llama decímetro cúbico y es otra unidad de volumen.

Por cierto, si a un decímetro cúbico le quitamos la tapa y lo llenamos con agua, verás que le cabe un litro.
Compruébalo.

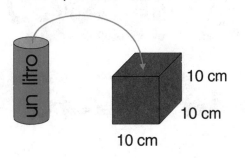

un litro

10 cm
10 cm
10 cm

Esto lo escribimos brevemente así:

$1 \, l = 1 \, dm^3$

ACTIVIDADES

·Utilicen varios cubos de plastilina o jabón de un centímetro cúbico para formar cuerpos en tres formas distintas, de 3, 5, 8, y 10 centímetros cúbicos. Dibújenlos en su cuaderno.

·Construyan con cartulina 9 cubos de un decímetro de arista cada uno. Formen con ellos tres cuerpos distintos y dibújenlos en su cuaderno.

¿Tienen los tres cuerpos el mismo volumen? _____

¿Por qué? _____

·Calcula el número de cubos de cada una de las siguientes figuras.

Pista: no olvides, hay cubos ocultos y deben considerarse en el cálculo.

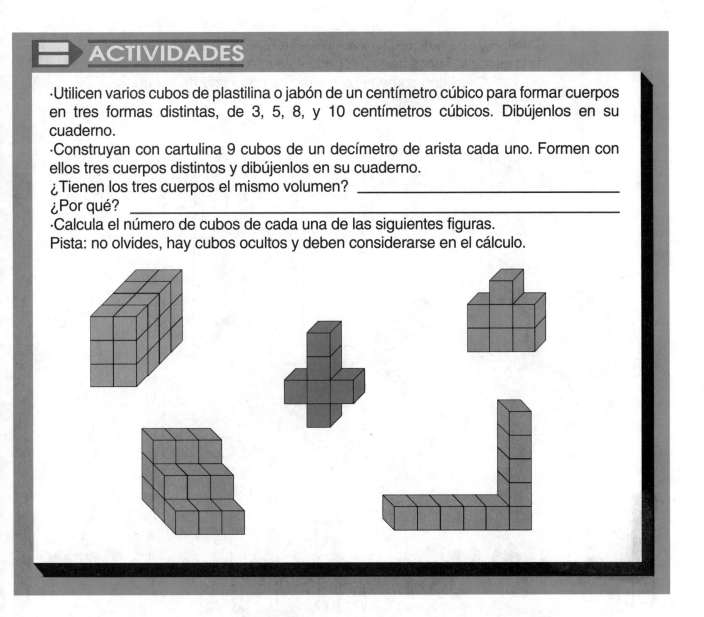

Por fin los niños pudieron realizar sus tareas.

A TIEMPO EN LA ESCUELA

Carolina y sus amigos platicaban alegremente en la entrada de la escuela. Todos habían llegado a tiempo; eran las dos de la tarde. Cada uno comentaba cuánto tiempo tarda en llegar desde su casa a la escuela.

-Yo hago una hora -decía Caro.

-Yo me tardo veinte minutos -dijo Miriam.

-Te tardas mucho y no vives tan lejos. Yo llego en $\frac{1}{4}$ de hora -mencionó Adriana.

-Yo hago el recorrido en $\frac{1}{2}$ hora -repuso Mario.

- Me ganas, yo me tardo $\frac{3}{4}$ de hora -agregó Jorge-. Y tú, Israel, ¿cuánto tiempo haces?

-Yo les gano a todos, sólo me tardo diez minutos.

ACTIVIDADES

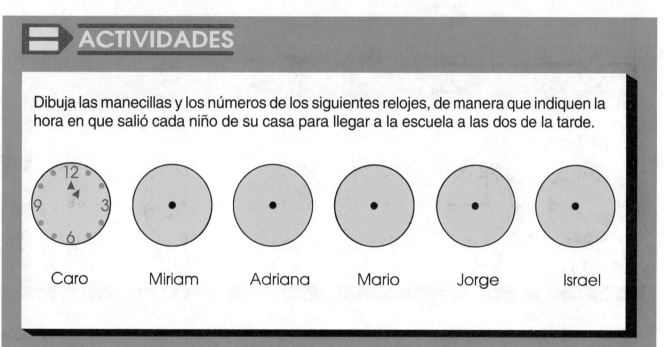

Dibuja las manecillas y los números de los siguientes relojes, de manera que indiquen la hora en que salió cada niño de su casa para llegar a la escuela a las dos de la tarde.

| Caro | Miriam | Adriana | Mario | Jorge | Israel |

Una vez dentro del salón de clases, Miriam le preguntó a la maestra:

-¿Podemos hacer un ejercicio? Se trata de una tabla con los tiempos que tardamos en llegar.

-Me parece una excelente idea. También podrían hacer una gráfica de barras con los mismos datos. Ya saben cómo organizarse. ¡Manos a la obra!

-Yo puedo preguntarles a todos mis compañeros los datos y anotarlos en mi libreta -ofreció Israel.

-Si quieren yo hago la tabla -agregó Jorge.

-¿Qué les parece si yo me dedico a hacer la gráfica? -comentó Caro.

179

Como lo habían acordado, Israel hizo la encuesta y le mostró los resultados a sus compañeros: de los 24 niños del salón, 6 tardan $\frac{1}{4}$ de hora en llegar, 2 alumnos hacen en una hora el recorrido, 8 llegan en 20 minutos, 1 niño hace 10 minutos, 3 tardan media hora y 4 tardan $\frac{3}{4}$ de hora.

- Para poder hacer la gráfica, debemos expresar todos los tiempos en minutos o en fracción de hora -aclaró Caro.

Ayúdale a completar la tabla de la derecha.

-También tenemos que ordenar los tiempos. Podríamos hacerlo de mayor a menor -contestó Jorge.

Completa las equivalencias:

Horas	Minutos
$\frac{1}{4}$	
1	60
	20
	10
$\frac{1}{2}$	
$\frac{3}{4}$	

ACTIVIDADES

Colorea la parte de las carátulas que corresponda a las fracciones de hora ordenadas de mayor a menor.

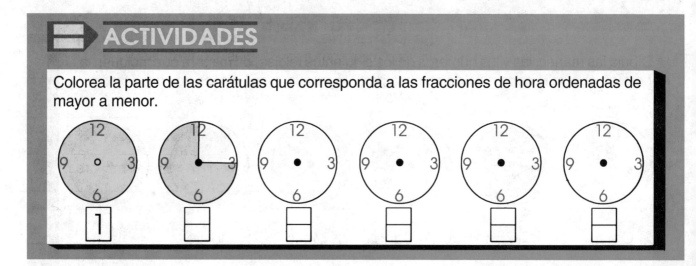

Miriam está haciendo la gráfica de barras. Ayúdale a terminar su trabajo:

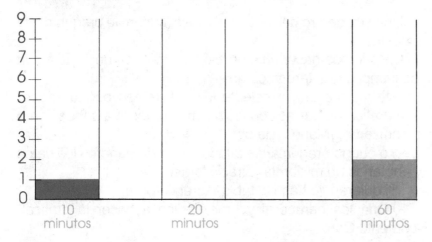

Jorge ya casi termina la tabla con los tiempos ordenados en minutos. Complétala.

Minutos	Niños
	2
30	3
20	
	6
10	

180

Realiza entre los compañeros de tu salón una encuesta similar a la anterior. Puedes hacerlo con temas como:

·Tu animal favorito.

·Miembros de tu familia.

·Material escolar preferido.

·Tu comida predilecta.

·Medio de transporte usado para llegar a la escuela.

Representa tus resultados en tablas y gráficas de barras.

Cuando terminaron de hacer la tabla y su correspondiente gráfica de barras, Miriam observó los resultados. Después de un rato hizo algunas preguntas. Contéstalas.

1. ¿Cuántos minutos hay de diferencia entre el tiempo que hace el niño que tarda más tiempo y el que tarda menos?

_____

2. ¿Cuál es la diferencia entre los tiempos menores?

_____

3. ¿Qué diferencia existe entre los tiempos mayores?

_____

4. Si todos hubieran salido de su casa a la una y media, ¿cuántos alumnos llegarían tarde a la escuela?

_____

5. ¿Cuántos llegarían a tiempo si hubieran salido a la una con 45 minutos?

_____

6. El alumno que tarda menos en llegar, hace su recorrido en _____ de hora.

7. Una tercera parte de los alumnos del grupo llega a la escuela en _____ de hora.

Cuando los alumnos terminaron su trabajo lo mostraron a la maestra y ella exclamó con orgullo:

-¡Todos a tiempo para salir al recreo!

EL DIBUJO SORPRESA

En el siguiente arreglo de puntos hay un dibujo sorpresa. Para descubrirlo tienes que resolver correctamente los problemas y los ejercicios que se plantean, de lo contrario no se formará tu dibujo.

Observa que el primer renglón de puntos está numerado del 1 al 20 y los otros están marcados, en su punto inicial, con un número que va de 20 en 20.

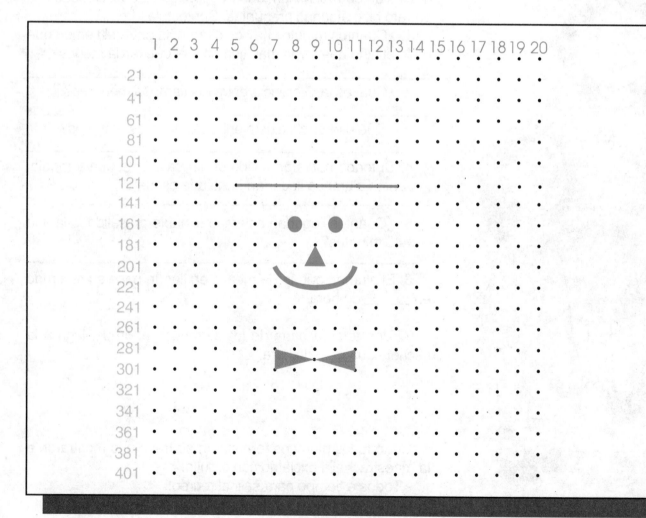

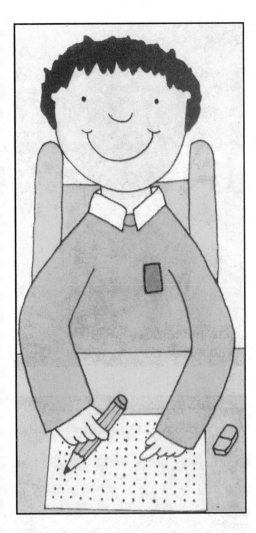

El dibujo se forma cuando unes los puntos correspondientes en el orden propuesto por los problemas.

Por ejemplo:

Si 125 es el resultado de un problema, debes buscar, al principio de los renglones de puntos, el número menor más cercano a 125: el 121. Sobre el renglón donde aparece el 121, cuenta los puntos hasta llegar al 125 y marca este punto.

Si el siguiente número es, por ejemplo, 133, localiza el 121 y a partir de él cuenta los puntos faltantes hasta llegar a 133.

Une después con un segmento los puntos correspondientes a estos números. Resuelve todos los ejercicios y problemas, localizando y uniendo puntos, hasta obtener el dibujo sorpresa.

Comenzamos. ¡Buena suerte!

1) Para hacerme tres vestidos, mi mamá compró 6 metros de tela que cuesta $ 4.00 el metro, dos carretes de hilo de $1.50 cada uno y dos metros de listón de $1.00 cada metro. ¿Cuánto pagó en total mi mamá por la mercancía?

2) El señor Juan distribuye calculadoras en diferentes establecimientos. Al comenzar un día de trabajo tiene 500. Si reparte en las tiendas $\frac{3}{4}$ del total, ¿cuántas calculadoras le quedan al final del día?

3)
$$\begin{array}{r} 7\,0 \\ \times\ 3.5 \\ \hline \end{array}$$

4) Una librería rebaja el precio de una colección de 32 libros infantiles. ¿Cuál es el precio de la colección completa si por 4 libros se pagan $ 31.00?

5) 32 alumnos de quinto grado irán de visita a un museo. Si el precio del pasaje por cada niño es de $ 9.00, ¿cuánto dinero debe pagarse por todos los pasajes?

6) Un depósito de agua está lleno a $\frac{3}{4}$ de su capacidad. Si durante el día se gastaron $\frac{2}{4}$ del volumen total que puede contener y en el tanque quedan 71 l, ¿cuál es la capacidad total del depósito de agua?

7) Calcula el área de esta figura:

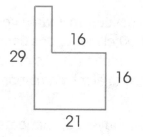

8)   82.26 + 122.64 + 212.1 = _____

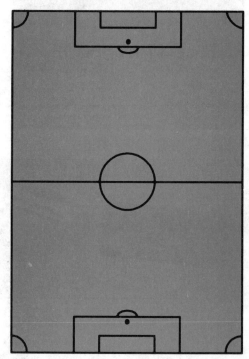

9) ¿Cuál es el perímetro de una cancha de futbol cuyas dimensiones son 95 m de largo y 52 m de ancho?

10) Resuelve la primera operación y utiliza después el resultado como sumando de la segunda operación.

$\frac{3}{4}$ + 12.85 = _____   _____ + 276.4 = _____

11) Un refrigerador cuesta $ 1 000.00. En su compra se hace un descuento del 25 %. ¿Cuánto dinero se descuenta?

184

12) Realiza la primera operación y utiliza después el resultado como sumando en la segunda operación:

12 x 8.4 = _____   _____ + 152.2 = _____

13) Esnel y Marco cobran la misma cantidad de dinero por pintar una barda. Marco ha pintado $\frac{1}{2}$ de la barda y Esnel $\frac{1}{4}$. Si se sabe que por la parte que aún no han pintado les pagarán $33.25, ¿cuánto recibirán Marco y Esnel por pintar toda la barda?

14) Regresa al número del que partiste.

EL ARREGLO DE LOS PUNTOS Y EL JUEGO DE LAS DIFERENCIAS

Números triangulares:

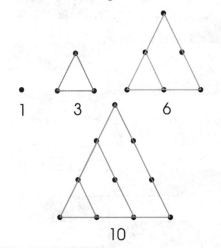

Números pentagonales:

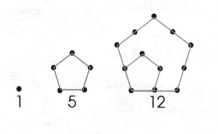

Hace mucho tiempo, allá por el siglo V antes de nuestra era, vivieron unos grandes matemáticos conocidos con el nombre de pitagóricos. Se les llamaba así en honor a su gran maestro, Pitágoras.

Estos personajes descubrieron relaciones muy interesantes entre los números. Tan ingenioso y agradable era su trabajo que crearon los números figurados. Sí, así como lo oyes, los números figurados.

Ellos representaban estos números mediante arreglos de puntos. De este modo crearon los números triangulares, los cuadrados, los rectangulares, los pentagonales y otros.

Números cuadrados:

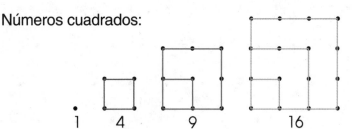

Números rectangulares:

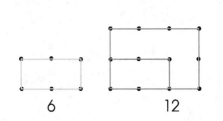

¿Sabes cuáles son los 6 números triangulares que siguen al 10, los 6 números cuadrados que siguen al 16 y los 6 números rectangulares que siguen al 20?

Para resolver este misterio formen equipos de 3 a 5 niños.

Usen el arreglo de puntos especial para hacer los números figurados y completen la tabla.

Sugerencias:

·Observen los ejemplos de la página anterior.

·Utilicen la regla y un color distinto para trazar cada uno de los números figurados.

Arreglo de puntos para dibujar números triangulares.

Números triangulares	Diferencias
1	
	2
3	
	3
6	
	4
10	
	5
15	
	6
21	
	8
36	
	10
55	

Arreglo de puntos para dibujar
números cuadrados.

Números cuadrados	Diferencias
1	
	3
4	
	5
9	
	7
	9
25	
36	
	13
	15
81	
100	
	21
121	

Arreglo de puntos para dibujar números rectangulares.

Números rectangulares	Diferencias
2	
	4
6	
	6
12	
	8
20	
	10
42	
	16
72	
90	
	22

LOS VISITANTES DEL ZOOLÓGICO

En este juego se utiliza como tablero el croquis del zoológico que se encuentra en la página191.

El juego consiste en ir desde la entrada del zoológico hasta el trenecito.

Material:

Un dado y cinco fichas.

Reglas del juego:

1. Pueden participar hasta cinco jugadores.

2. Los participantes lanzan el dado para obtener su turno. El que saque el número mayor tira primero. Si dos o más jugadores obtienen los mismos puntos desempatan entre ellos.

3. Al principio, todos los jugadores colocan su ficha en el módulo de información del zoológico.

4. Por turno, cada jugador lanza el dado y avanza en la dirección que indica la flecha del número que resultó. Por ejemplo: si el jugador está en el módulo de información y el dado cae en 4 o en 6, avanzará hasta el puesto de golosinas.

Si resulta un número que no aparece en ninguna de las flechas, el jugador permanece en su posición.

5. El jugador marcará con una raya los animales que encuentre en su recorrido cada vez que tire el dado. Por ejemplo, al avanzar desde el módulo de información hasta el puesto de golosinas, los animales que se deben registrar en la tabla de abajo son la llama y el alce.

6. El jugador pierde una tirada cada vez que completa en la tabla 5 marcas para un mismo animal.

7. Si alguien llega a una casilla ocupada, el jugador que se encuentra ahí pasa a la posición del primero y ambos hacen los registros respectivos, como se indica en la instrucción número 5.

8. Gana el primero que llegue al trenecito.

¡Juega y diviértete!

Animales	Registro de visitantes
llama	
alce	
martucha	
castor	
camello	
jirafa	
guacamaya	
pavo real	

Animales	Registro de visitantes
coyote	
zorra	
mandril	
chimpancé	
león	
tigre	
tortuga	
oso	

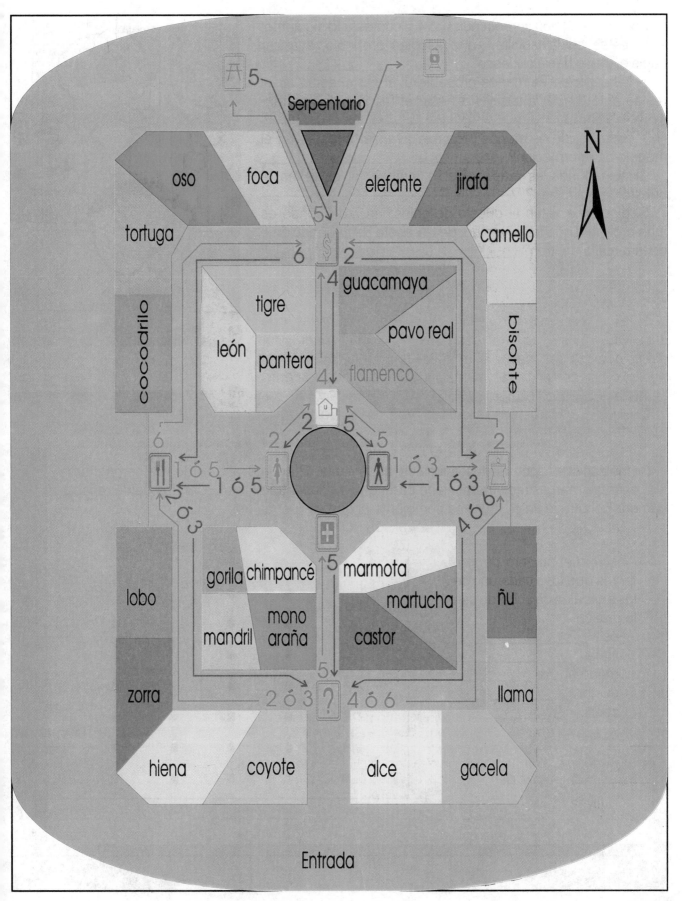

Serpentario

N

oso foca elefante jirafa

tortuga camello

5 1

5

6 2

4 guacamaya

cocodrilo tigre

león pantera

pavo real

bisonte

flamenco

4

2

2 5 5

6

1 ó 5

1 ó 5 1 ó 3

2 ó 3 1 ó 3

2

4 ó 6

5 marmota

lobo gorila chimpancé martucha ñu

mono
mandril araña castor

5

zorra 2 ó 3 ? 4 ó 6 llama

hiena coyote alce gacela

Entrada

Lee con atención la regla número 4 y contesta lo siguiente:

Si estás en la taquilla, ¿qué es más probable, avanzar hacia el tren o hacia el kiosco? _____.

¿Hacia dónde es menos probable avanzar si estás en el restaurante, hacia la taquilla o hacia el módulo de información? _____

¿Hacia dónde es menos probable avanzar si estás en el módulo de información? _____

¿Hacia dónde es más probable avanzar si estás en el puesto de golosinas? _____

Si alguien está en el puesto de golosinas, ¿de dónde es más probable que haya venido, de la caseta de información o de la taquilla del tren? _____

· Selecciona cinco de los animales de la tabla. Pregunta a diez de tus compañeros cuántas marcas registradas tiene cada uno y encuentra el total. Con los datos recabados construye un pictograma semejante al que se ilustra.

· Escribe el número de visitantes que tuvo cada uno de los animales de acuerdo con la gráfica.

oso _____23_____
jirafa _____
mono araña _____
castor _____
zorra _____

👤 = 5 personas

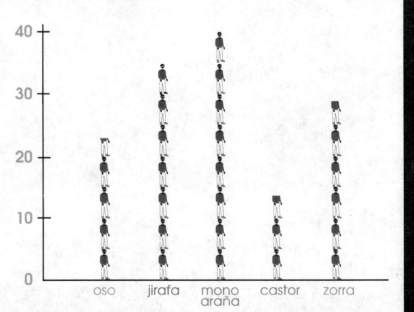

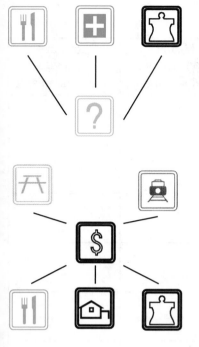

Observa los diagramas de la izquierda y, de acuerdo a las reglas del juego, escribe lo que harías en cada caso.

Si se desea que desde el módulo de información sea igualmente probable llegar al puesto de golosinas que a la enfermería, ¿qué cambio harías en el tablero de juego?

Si se quiere que desde la taquilla sea más probable llegar al trenecito que a cualquier otro lugar, ¿qué cambio harías en el tablero?

ACTIVIDADES

Realiza las modificaciones anteriores en el tablero y diviértete de nuevo.

Pregunta otra vez a tus 10 compañeros el número de visitantes que tuvo cada uno de los animales que seleccionaste y construye con esos datos otro pictograma.

Compara los dos pictogramas que hiciste y escribe tus observaciones.

Recorridos en el zoológico.

¿Cómo encontrarías la distancia que camina una persona en el siguiente recorrido?

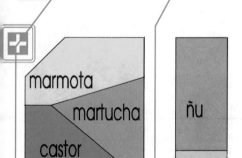

Para saberlo realiza lo siguiente:

· Identifica en el tablero el recorrido que se indica con los símbolos.

· Consigue un cordón de 50 cm de largo y acomódalo siguiendo ese camino.

· Mide con tu regla la parte del cordón que utilizaste.

· Si cada centímetro de cordón representa 10 m del recorrido del zoológico, ¿cuál fue la distancia que caminó la persona?

Completa la siguiente tabla:

Recorrido	Centímetros de cordón utilizado aproximadamente	Metros caminados aproximadamente	Decámetros caminados aproximadamente
? ⬚ 🚶 ➕ ?			
🍴 $ 🏠 🚶 ⬚ ? 🍴			
$ ⬚ ? 🍴 $			
? 🍴 🚶 🏠 🚶 ⬚ ?			
➕ ? 🍴 $ 🏠 🚶 ➕			
🍴 🚶 ➕ 🚶 🏠 🚶 🍴			

Compara tus resultados con los de tus compañeros.

Observa la tabla y contesta.

¿Cuántos decámetros se caminan aproximadamente en el recorrido más corto? _____ ¿Y en el más largo? _____

Ordena los recorridos expresados en decámetros y escríbelos sobre las rayas.

_____   _____   _____   _____   _____   _____

Marca sobre la recta las cantidades que ordenaste.

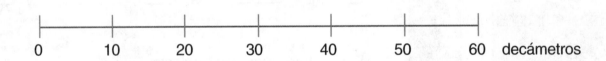

¿Cuántos metros camina aproximadamente una persona que hace los dos recorridos que empiezan en el módulo de información? _____

Una persona hace el recorrido más largo y otra el más corto. ¿Cuántos decámetros más camina, aproximadamente, la primera persona con respecto a la segunda? _____

194

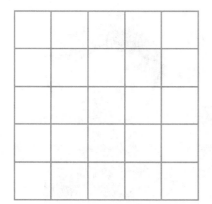

Las jaulas de los animales.

¿Cómo medirías en el croquis el área aproximada que ocupa la jaula de la jirafa?

Para responder esta pregunta realiza lo siguiente:

En un pedazo de plástico transparente traza una cuadrícula de 5 cm x 5 cm, como la que se ilustra.

Colócala sobre la jaula de la jirafa y cuenta el número aproximado de cuadritos que se completan.

¿Cuál es el área aproximada que ocupa la jaula de la jirafa si cada cuadrito representa un decámetro cuadrado de terreno, es decir 100 metros cuadrados?_____

_____

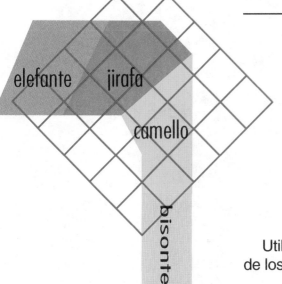

Utiliza tu cuadrícula y estima el área que ocupan las jaulas de los animales que se mencionan en la tabla.

Jaula de animales	Número aproximado de cuadritos	Área estimada en metros cuadrados	Área estimada en decámetros cuadrados
pavo real			
zorra			
elefante			
chimpancé			
jirafa			
león			
castor			

Observa la tabla anterior y contesta:

¿Cuál es la jaula con mayor área?

¿Cuál es la jaula con menor área?

Ordena de menor a mayor el área de las jaulas y escribe las cantidades sobre las rayas:

_____   _____   _____   _____

_____   _____   _____

Representa en una gráfica de barras los datos de las cinco jaulas con mayor área.

jaulas

De acuerdo con la tabla y la gráfica anterior, contesta y discute tus respuestas con tus compañeros.

¿La jaula de mayor área corresponde al animal de mayor peso? _____ ¿Por qué? _____

¿Cómo debe ser la jaula del león con respecto a la de la zorra? _____

¿Por qué? _____

¿Consideras que los espacios ocupados por los animales del zoológico fueron distribuidos en forma adecuada? _____

¿Por qué? _____

EL JUEGO DEL CALENTAMIENTO

¡Atención! Éste es el juego del calentamiento. Hay que seguir las órdenes del sargento. ¡Jinetes, a la carga!

Probablemente alguna vez habrás oído de este juego o tal vez lo hayas jugado. Como su nombre lo indica es para entrar en calor o hacer ejercicio. Pues bien, en esta ocasión no vamos hacer ejercicio ni a entrar en calor, pero sí tenemos que seguir las órdenes del sargento.

Para ello, deben organizarse equipos de 5 niños; uno será el sargento y los otros cuatro los jinetes.

Comienza el calentamiento.

El sargento interpretará cada uno de los siguientes dibujos (sin que los demás los vean) y dará las órdenes necesarias para que los jinetes los tracen en sus cuadernos.

Por ejemplo.
El sargento dice:
¡Atención, jinetes! ¡A la carga! Con una regla tracen una raya de 4 centímetros.

Espera algunos minutos para que los jinetes terminen sus trazos y continúa.

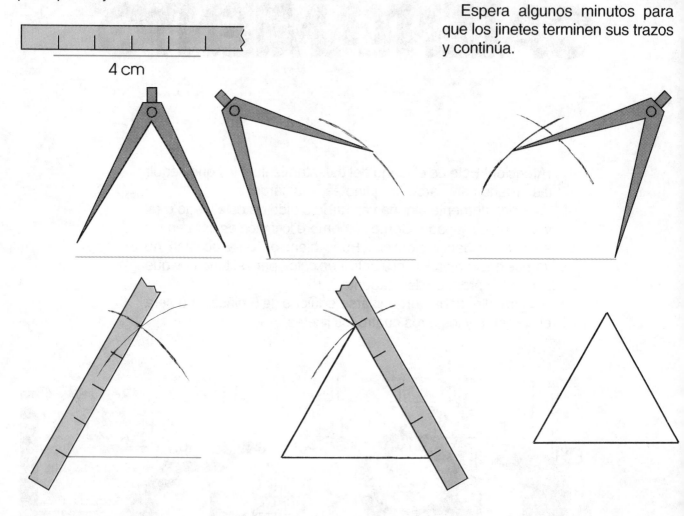

4 cm

1.	
2.	
3.	
4.	
5.	
6.	
7.	

¡Atención, jinetes! ¡A la carga!.

Después de que los jinetes de los diferentes equipos han terminado sus dibujos, el sargento dice:

-¡Atención, jinetes! describan en los espacios de la izquierda las indicaciones y comparen con ellas los dibujos que realizaron.

Para continuar con el juego es necesario que otro niño sea el sargento y dé las órdenes al igual que su compañero anterior.

¡Atención, jinetes¡ ¡A la carga!

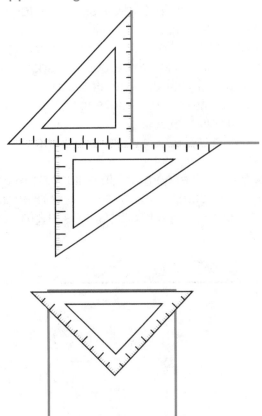

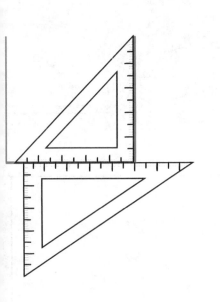

Ahora cada jine**t**e debe escribir las órdenes que el sargento dictó. Al terminar, debe comparar sus respuestas con las de los otros jinetes del equipo.

1.
2.
3.
4.
5.
6.
7.

Ahora, otro niño es el sargento. El sargento lee las órdenes y los jinetes hacen con su juego de geometría los trazos respectivos.

Comenzamos.

¡Atención, jinetes! **-dice el sargento-** ¡A la carga! En el recuadro de abajo:

1. Tracen una línea recta horizontal de 8 centímetros.

2. En uno de los extremos del segmento de recta tracen una perpendicular de 4 centímetros.

3. En el otro extremo del segmento tracen otra perpendicular de 4 centímetros.

4. Unan con una raya los extremos de las dos perpendiculares.

5. Escriban el nombre de la figura que trazaron.

6. Ahora comparen sus figuras con las de sus compañeros y vean si escribieron el mismo nombre. Comenten sus respuestas.

Las nuevas órdenes, que dará otro sargento, son las siguientes:

¡Atención, jinetes! ¡A la carga! En el centro del recuadro de la siguiente página:

1. Tracen con una regla graduada un segmento horizontal de 6 centímetros.

2. Con la regla graduada marquen la mitad del segmento.

3. Por la mitad del segmento tracen una perpendicular de 10 centímetros de tal forma que 5 centímetros estén de un lado del segmento y los otros 5 del otro lado.

4. Unan los extremos del segmento con los de la perpendicular.

5. Escriban el nombre de la figura.

6. Ilumínenla y compárenla con la de los otros jinetes.

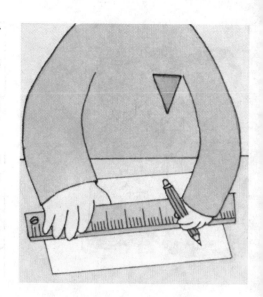

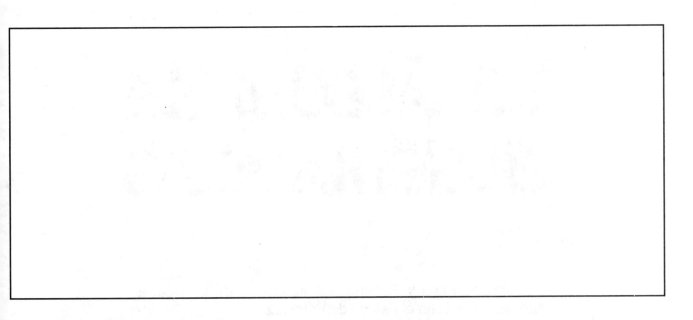

Por último, el niño que no ha sido sargento lo será ahora y dará las siguientes órdenes:

¡Atención, jinetes! ¡A la carga! En el centro del recuadro de abajo:

1. Con regla y compás construyan un triángulo cuyos lados midan 3, 4 y 5 centímetros, respectivamente.

El sargento espera unos minutos y dice:

¡Atención, jinetes, continuamos a la carga!

2. Construyan con la regla y el compás un triángulo que tenga 8, 5 y 3 centímetros de lados. ¡Listos! ¡A la carga!

Después de algunos minutos, el sargento dice:

¿Pudieron construir el segundo triángulo?

3. Muestren sus dibujos a los demás jinetes del equipo y comenten sus trazos.

Pasado algún tiempo, el sargento dice:

4. Por último jinetes, construyan con sus escuadras un cuadrado que tenga 4 centímetros por lado. Ilumínenlo y calculen su perímetro y su área. ¡A la carga!

MI ÁLBUM DE MATEMÁTICAS

Maricela, Jorge y Roberto son tres niños de la escuela Nezahualcóyotl, en el Estado de Veracruz.

Pocos días antes de terminar sus estudios de quinto grado fueron con su maestra y sin más le preguntaron:

-Maestra Teresa, ¿por qué no hacemos una exposición de matemáticas en este fin de curso?

A Roberto, a Jorge y a mí nos gustan mucho las matemáticas y quisiéramos hacer un álbum de lo que más nos ha gustado, ¿verdad Roberto?

-¡Sí maestra! A mí me gustaría hacerlo de juegos matemáticos como los que vimos en *Retos con números*.

¿Cómo se te ocurre organizar tu álbum de matemáticas con lo que más te ha gustado del curso? ¿Por equipos? ¿Individualmente?

Organízalo.

Me parece una buena idea -dijo emocionada la maestra -se lo propondré a todo el grupo y así podremos hacer una bonita exposición como ustedes lo han sugerido.

Ante todo el grupo la profesora comentó:

-A Maricela, Jorge y Roberto se les ha ocurrido la gran idea de hacer un álbum de matemáticas. Ellos quieren, y por supuesto yo también, que con estos trabajos montemos una exposición para culminar este año escolar. Ustedes tienen la libertad de elegir cualquier tema de matemáticas y hacer una bonita colección.

Los niños se entusiasmaron con la propuesta.

-Maestra, yo no entiendo lo del álbum.

-¿Todos saben qué es un álbum?

-¡Sí! -contestaron a coro los niños.

-¡Es donde se guardan las fotos!

-En efecto, en este caso no será precisamente para guardar fotos, sino para que ustedes coleccionen lo que más les ha gustado de las matemáticas.

-¿De lo que hemos visto maestra? -preguntó otra niña.

-Sí, Dorita. O también puede ser de lo que no hemos visto. Ustedes tendrán que elegir su propio material.

¿Entonces se vale de todo? Porque a mí me gustaría hacer un álbum de problemas ilustrados.

-Sí, Abdel, se vale de todo. Lo primero que deben hacer es empezar con una idea y después seguirle la pista para recuperar el material que les sirva para desarrollarla.

Al día siguiente la maestra retomó el tema del álbum y explicó algunos aspectos sobre la manera de hacerlo.

-Maestra, maestra -interrumpió Roberto- mire usted, aquí tengo algunos juegos matemáticos que yo he buscado en libros, en revistas y periódicos.

Roberto mostró los siguientes juegos. Ayúdale a resolverlos.

Primer juego

El tangrama chino.

Reacomoda cada una de las siete piezas para hacer las siguientes figuras:

Segundo juego

Utiliza los cuatro dígitos que se te dan para formar dos cantidades de dos cifras, de tal manera que obtengas el mayor producto.
Sugerencia:
Usa la calculadora.

3 579

1 453

8 625

Tercer juego

Consiste en adivinar el día y el mes de nacimiento de una persona siguiendo las instrucciones del diagrama.
Úsalo con tres de tus amigos.

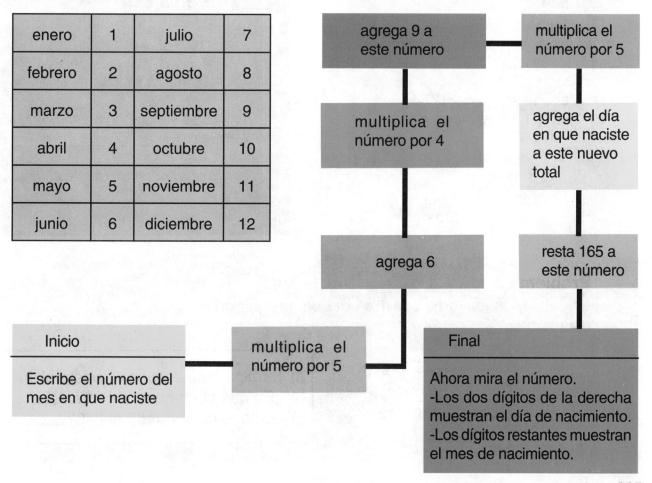

enero	1	julio	7
febrero	2	agosto	8
marzo	3	septiembre	9
abril	4	octubre	10
mayo	5	noviembre	11
junio	6	diciembre	12

agrega 9 a este número

multiplica el número por 5

multiplica el número por 4

agrega el día en que naciste a este nuevo total

agrega 6

resta 165 a este número

Inicio

Escribe el número del mes en que naciste

multiplica el número por 5

Final

Ahora mira el número.
-Los dos dígitos de la derecha muestran el día de nacimiento.
-Los dígitos restantes muestran el mes de nacimiento.

Son unos juegos muy interesantes -dijo la maestra-. Sólo te falta investigar otro más y coleccionarlos en tu álbum.

-Así lo haré maestra, ya verá usted qué bonito me va a quedar.

-Maestra, yo quisiera hacer historietas relacionadas con los relatos del libro. ¿Puedo hacerlo? -pregunto Manuel.

-Claro que sí. ¿Ya pensaste en algún tema?

-Sí, me gustan las figuras geométricas.

A la semana siguiente los niños empezaron a mostrar los avances de su álbum.

Algunos consultaron en libros, otros en revistas y periódicos, algunos más preguntaron directamente a sus hermanos, a sus padres y a otros profesores.

Dorita, quien había seleccionado el tema *Los números en las noticias*, tenía ya una gran cantidad de artículos donde aparecían números como el de abajo.

Consigue para Dorita cinco encabezados periodísticos que contengan información numérica.

■ Se retiró al 3%

Hasta el 30 de abril, verificados 2 millones 272 mil 969 vehículos

La Jornada. Jueves 17 de junio de 1993 pág. 35

Abdel tenía ya una buena colección de problemas. He aquí una muestra. Ayúdale a resolverlos.

Problema 1

Encuentra los dígitos representados por las letras A, B, C y D para que se cumpla lo siguiente:
Pistas:
La A es un número menor que 3.
La C es un número mayor que 6.

$$
\begin{array}{r}
ABCD \\
\times \quad 4 \\
\hline
DCBA
\end{array}
$$

Problema 2

Observa esta secuencia.

1, 4, 7, 10, 13, ..., 682

¿Cuáles son los dos números que siguen al 13? _____

¿Cuál es el número que está antes de 682? _____

Problema 3

Los números mayores que 1 se deben arreglar en esta forma:

	2	3	4	5
9	8	7	6	
	10	11	12	13
17	16	15	14	

a) Termina esta secuencia hasta el 100.
b) ¿En qué color quedó el 81?_____
c) ¿En qué color quedó el 246?_____

8	1	6
3	5	7
4	9	2

Enriqueta estaba fascinada con su tema *Los cuadrados mágicos* y cada vez que encontraba uno lo cuidaba como un verdadero tesoro. A todas sus amigas les mostraba orgullosa sus hallazgos.

Observa que en un cuadro mágico, como el de la izquierda, la suma de los números es igual en cada renglón, en cada columna y en cada una de las diagonales. Compruébalo

Estos cuadrados mágicos están inconclusos. ¿Qué números faltan? Complétalos

1.7		3.5
	4.4	
5.3		7.1

2.25	0.5	1.75
1.25		

$\frac{6}{10}$		$\frac{2}{10}$
$\frac{1}{10}$		$\frac{9}{10}$
$\frac{8}{10}$		$\frac{4}{10}$

Maricela se encargó de extraer información numérica de diversas revistas.

De la revista *Chispa* Nº 82, página 26, año 1982 obtuvo los siguientes datos relacionados con volúmenes:

Alberca Olímpica   1 500 m^3

Tinaco   1 000 dm^3

Cubeta   5 000 cm^3

Jarra   1 000 cm^3

Vaso lleno de agua   100 cm^3

Cucharadita   5 cm^3

20 gotas de agua 1 cm^3

En equipos de 3 a 5 niños, elaboren cinco problemas con los datos de la izquierda, escríbanlos en su cuaderno y resuélvanlos.

Por fin llegó el gran día y los niños se esmeraron en montar una bonita exposición de fin de año. Cada niño llevó su álbum de matemáticas e invitó a los compañeros de otros grados, a sus padres y a los maestros de la escuela. Todos pudieron admirar los excelentes trabajos de los alumnos.

Matemáticas

Quinto grado

Se imprimió por encargo de la

Comisión Nacional de los Libros de Texto Gratuitos,

en los talleres de Fernández Editores, S.A. de C.V.

con domicilio en Eje 1 pte. México Coyoacán 321, Col Xoco,

03330 México, D.F., el mes de diciembre de 1998.

El tiraje fue de 2 676 250 ejemplares

más sobrantes de reposición.